KB215955

백부장 아피우스, 예수를 만나다

A Week in the Life of a Roman Centurion

Gary M. Burge | 임금선 옮김

하늘씨앗

백부장 아피우스, 예수를 만나다

A Week in the Life of a Roman Centurion

초판   1쇄 2022년 12월 17일
저자   개리 버지(Gary M. Burge)
번역   임금선
편집   임금선
책임   강남호
출판   하늘씨앗
웹   www.heavenlyseeds.org
메일   info@heavenlyseeds.com
등록   제402-2015-000011호
주소   경기도 군포시 산본로 323번길 16-7번지 705호
전화   031-398-4650
팩스   031-5171-2468

ISBN 979-11-90441-11-7(03230)

책값은 뒤표지에 있습니다.

백부장 아피우스, 예수를 만나다

A Week in the Life of a Roman Centurion

등장인물

가이우스 아랍계 가속 노예로 아피우스의 살림을 관장한다.

구사 유대 귀족으로 로마 제국으로부터 가버나움 지역 세금 징수권을 샀다. 헤롯 안티파스의 휘하에서 갈릴리 지역 재무를 총괄한다. 세포리스에 살고 있으며 그의 아내 요안나는 예수를 은밀히 따르고 있다.(눅 8:1-3 참조)

리비아 아피우스의 여종이며 첩이다.

마르쿠스 아나톨리아 반도의 서부 사디 출신으로 가이사랴 진영에서 아피우스의 부관이다.

마리암 가버나움의 산파이며 남편은 마을의 유일한 치유사다.

막실라 지중해 동부 출신으로 로마 유혈 경기 여성 검투사다.

아마존 지중해 동부 출신의 로마 유혈 경기 여성 검투사이다.

아피우스 시리아 남부 라바나에 주둔한 로마군단, 즉 갈리카 3군단의 수석 백부장이다. 지중해 아나톨리아 반도의 남부 아탈리아 출신의 직업군인이다.

악시우스 아프리카 북부, 카르타고 출신의 가이사랴 군단병이다. 백부장이 되는 것이 꿈이다.

안티파스 헤롯 대왕의 아들로 헤롯 안티파스로 알려진 인물이다. 부친 사망 후 BC 4년~AD 39년까지 갈릴리 서부를 통치했다.(형 필립은 갈릴리 동부와 시리아 남부를 통치함) 세례 요한을 죽였고(막 6:14-28) 예수를 심문했다.(눅 23:6-12).

알부스 시리아 북부에 주둔한 로마군단 수석 백부장이다. 풀미나타 12군단에 복무하는 직업 군인으로 아피우스의 오래 친구이다.

오니아스 툴루스의 아버지로 시리아의 에메사(오늘날 홈스)에 거주하는 올리브유 판매상이다.

토비아스 가버나움 마을 수석 장로이며 철저한 율법주의자이다. 로마에 적대적인 태도를 보이면서도 마을의 이익을 위해 협상에 응하기도 한다.

툴루스 로마가 에메사를 함락했을 때 포로로 잡혔다. 노예 시장에서 아피우스에게 팔려 간다. 종의 신분이지만 아피우스의 서기관 일을 한다.

필라투스 성경에 등장하는 본디오 빌라도이다. 로마 통치하에 있던 유대 지역의 5대 총독이다. 유대 지역 재정을 관장했고 4~5개 보병대를 거느렸다. 에퀴테스(로마 기사) 출신으로 중상층 계급에 속했으며 AD 26년, 로마 황제 티베리우스로부터 5대 유대 총독으로 임명되었다. 잔인하고 폭력적인 통치로 악명을 떨쳤다. 사마리아인 대량 학살 사건으로 로마로 소환된 후 AD 36년에 축출되었다.

차례

에마사를 떠나 라바나로

툴루스는 파르티아인을 이렇게 가까이에서 보게 되리라고는 상상도 못 했다. 무기를 들고 있는 모습이 금방이라도 달려들 것 같았다. 모두 퇴각했다고 들었는데 이 파르티아인은 왜 아직도 두라-유로포스 요새에 있는 것일까?

툴루스는 파르티아인에 대해 이런저런 이야기를 들었다. 로마군들도 파르티아인에 대한 적대적이고 조롱 섞인 말들을 쏟아 냈다. 로마인들은 파르티아인을 아주 싫어했다. 로마인들에게 파르티아인은 미개하고 무질서한 야만인일 뿐이었다. 백부장은 매일 사병훈련을 시킬 때마다 파르티아인쯤이야 아무것도 아니라고 소리쳤다.

병영에는 최근 전투에서 사망한 파르티아인의 시체가 알몸으로 창에 찔린 채로 걸려 있었다. 온몸에 창 구멍이 숭숭 난 것으로 보아 파르티아인에 대한 로마군의 적개심이 얼마나 큰지 확실히 알 수 있었다.

툴루스는 기질 면에서나 신체적으로 싸움과는 거리가 멀었다. 활이나 쏜다면 모를까. 보병과는 달리 궁수는 날렵한 몸가짐에 머리가 필요했다. 활을 제대로 쏘려면 수학적 계산이 필요하기 때문이다. 칼이 야만적이라면 활은 우아했다. 여하튼 툴루스는 군단병이 되었다. 자신이 군단병이 되리라고 상상이나 했겠는가? 군장을 하고 온종일 걸어 해가 질 무렵 포위 작전을 펼치는 군단병 말이다. 툴루스는 글을 읽을 줄 알았다. 살아남게 된 것도 다 글을 읽을 줄 알기 때문이었다. 그가 목숨을 부지하고 있다는 것은 행운이었다.

파르티아 제국

1세기경에는 페르시아 제국을 파르티아로 불렀다. 페르시아 제국을 건설한 키로스(고레스)는 바빌로니아를 정복한 후, 그곳에 유배 중이던 유대인을 해방했다. 바빌론에서 멀지 않은 에크바타나와 크테시폰은 파르티아의 수도였다. 파르티아 제국은 티그리스강과 유프라테스강 계곡에서 번창하면서 서쪽으로 메소포타미아까지 확장하려고 했다. 그러나 로마 제국이 막은 관계로 더 나아갈 수 없었다. 메소포타미아 서쪽(유프라테스강 남쪽)에 있는 사막 지역을 시리아라고 불렀다. 파르티아인은 시리아를 장악하려는 꿈을 가졌다. 하지만 그리스인과 로마인이 항상 그들을 막았다.

툴루스의 아버지

툴루스이 아버지는 바닷가 태생으로 올리브유 판매 상이었다. 2년 전, 에메사인들이 로마 제국에 대항하여 반란을 일으켰다. 그러자 로마는 곧 에메사(시리아의 서부 오론테스강 강가에 위치. 원래 이름은 홈스)를 포위하고 쑥대밭으로 만들었다. 그 당시 툴루스는 다 무너진 학교에 숨어 있다가 발각되어 사로잡혔다. 전부터 로마가 곧 공격할 것이라는 말이 돌긴 했으나 에메사는 전혀 대비하지 않았다. 에메사인들은 로마인을 세상에 둘도 없는 야만인으로 여겼다. 결국 시리아는 75여 년 동안 로마의 지배를 받게 되었다.

로마군의 약탈 행위가 어느 정도 잦아들었을 때, 로마군들은 툴루스를 포함한 수백 명의 젊은 포로들을 묶어 이송했다. 로마군단이 움직일 때마다 노예상들도 함께 움직였다. 노예상들은 포로를 빼내어 안디옥 노예 시장에서 팔았다. 그 대가로 로마군 장교의 손에 적지 않은 돈을 건넸다. 젊은 여성 포로들은 눈 깜빡할 새에 팔려 갔다. 여기저기서 거래하는 소리만 귀에서 왕왕거릴 뿐 툴루스는 충격으로 인해 정신을 차리지 못했다. 그가 어린 시절을 보냈던 도시는 이미 함락되어 아우성치는 소리, 치솟는 연기, 메케한 냄새가 곳곳에 가득했다. 그 생지옥을 어떻게 잊을 수 있을까? 가족들의 생사도 알 수가 없었다. 사막의 햇볕이 따가운 이곳은 각지에서 온 노예상들로 북적였다. 툴루스는 자신의 몸값을 흥정하는 소리를 들었다. 아마 여기서 팔려 간 포로들은 그리스 대도시로 가서 노동을 하거나 하인이 되거나 성적 노리개가 될 것이다. 툴루스는 기도라도 하고 싶었지만, 누구에게 할지 알 수 없었다. 로마의 신은 너무나도 강했다. 툴루스는 어릴 때부터 로마인에 대해 배워서 잘 알고 있었다.

바로 그때 툴루스의 앞에 로마 장교 아피우스가 나타났다. 매우 인상적인 모습이었다. 보병 대장 아피우스는 로마 군인답게 기골이 장대했다. 그는 에메사가 마치 자기 것인 양 당당하게 걸었다. 갑옷은 세련되고 번쩍였다. 그는 깃털이 달린 큼지막한 투구를 겨드랑이에 끼고 칼을 들었다.

로마군의 감시가 느슨해진 틈을 타서 마을을 약탈하는 자들이 나타났다. 몰래 포로들을 빼돌릴 기회를 엿보던 노예상들이었다. 그들은 에메사 현지인이 아니었다. 타지에서 와서 떡고물이라도 건질까 하는 마음으로 로마군이 철수하기만 기다렸다. 그 당시 에메사 지역 경제는 올리브유 거래로 번성했디. 사실 이들은 툴루스 아버지의 올리브유 판매사업이 한창 잘 나갈 때 덕을 봤던 사람들이다. 그중에 툴루스 아버지를 시기하는 사람들이 있었다. 그들은 에메사가 무너지자 훔쳐낼 것이 없는지 살피고 있었다.

로마 군대

BC 27년 아우구스투스(또는 옥타비아누스)는 권력을 잡으면서 전제주의 통치를 강화하고 로마 군대를 광범위하게 재정비하였다. 직업 군인 체제로 바꾸면서 약 3십만 명의 사병을 28군단으로 편성했다.

각 군단은 약 5,500명이며 군단은 다시 10개 대대로 나뉘었다. 대대원은 5백여 명이었다. 군단 내에는 기병대, 정찰대, 군악대, 의병대, 사무병, 전령 등 다양한 지원 부대가 있었다.

이미지 1.1 투구를 쓰고 있는 백부장 흉상

9개 대대는 6개의 백인 부대(100인으로 구성된 부대)로 세분되었다. 백인 부대원은 약 80~100명이었다. 백인부대는 백부장과 부사관이 함께 통솔했다. 가장 작은 구성단위는 분대이며 분대당 8명이 한 천막에 머물면서 숙식했다. 각 분대는 같은 구역에서 주둔하면서 노새 한 마리를 돌려가며 사용했다.

전술 전투 부대는 기동력이 뛰어난 10 대대와 이를 지휘하는 백부장들로 구성되었다. 이들에겐 각각 군번과 이름이 있었고 이동할 때마다 군기를 들었다. 제1대대는 최고 부대로 전쟁 경험이 많은 병사로 구성되었다. 백부장 가운데 으뜸인 수석 백부장은 큰 명예를 누렸다.

이미지 1.2 1세기 로마 군인의 모습이 새겨진 프리즈(띠 모양) 부조

호민관과 군단장은 원로원 의원급으로 황제가 임명했다. 장비 조달 및 유지 관리, 캠프 건설을 담당하는 병영대장도 고위 장교급에 속한다. 이들은 수석 백부장을 역임했거나 평생 군 복무를 한 사람으로 호민관과 군단

장 부재 시에 대신 군단을 이끌 수 있었다. 호민관은 엄청난 특권을 누렸다. 병영 내에서의 결혼생활은 공식적으로 금지되었지만, 선임 백부장은 군단 기지나 근처에 가족을 두는 경우가 있었다. 첩이나 몸종을 곁에 두는 사람도 있었다. 군단에서 생활하려면 엄청난 헌신이 요구되었다. 제국 시대의 군단병은 25년간 군 복무를 해야만 했다.

아피우스와 툴루스의 만남

아피우스가 에메사에 주둔한 이유는 사욕이 아니라 치안을 위해서였다. 아피우스는 로마 동부가 비로소 안전해졌다고 확신했다. 왜냐하면 시리아 부족이 더는 로마에 반기를 들지는 않을 것이며 동북부를 위협하던 파르티아도 지중해로 진출할 수 없다고 판단했기 때문이다. 이러한 상황에서 아피우스는 로마 시민의 안전을 위해 어느 정도의 폭력은 필요하다고 생각했다. 그는 폭력의 유용성을 인정한 것이다.

아피우스는 툴루스에게 다가와 세밀하게 살펴본 후 말했다.

"이놈으로 하겠다."

그러자 노예상은 툴루스를 대열에서 끌어내 묶인 밧줄을 풀어주었다. 아피우스는 툴루스를 따라오게 한 후 군단 집결지를 지났다. 군단 병사들은 군기 아래 집합해 있었다. 군기에는 황제의 이름이 있었다. 또한 아피우스가 이끄는 대대 깃발에는 황소 두 마리가 있었다. 툴루스는 이때 처음 군단 깃발을 보았다. 아피우스의 군단은 갈리카 제3군단이었다. 갈리카 제3군단은 시리아에

수십 년간 주둔해 왔다. 제3군단의 황소 상징은 로마 제국 전역에 잘 알려져 있었다. 도시에서 안락한 생활만 하던 사람들이야 알 턱이 없겠지만, 전방 전투 군단으로는 이름을 떨친 군단이었다. 호전성이 강한 용병들이 선호하는 군단이었다. 갈리카 군단원은 두 마리의 황소 상징에 대해 자부심을 느꼈다. 또한 로마 주화에도 황소 두 마리가 새겨져 있었다.

갈리카 제3군단

갈리카 제3군단은 1세기 로마 제국에서 활약한 28군단 가운데 하나이다. BC 49년, 율리우스 카이사르가 직접 창설한 것으로 유명했다. 각 군단을 상징하는 이미지가 있었는데, 갈리카의 상징은 황소이다. 파르티아가 시리아 정복을 계획할 때 마르크 안토니우스는 갈리카 군단을 동부로 이동시켜 시리아 정복을 시도하던 파르티아인을 제압했다. 이 임무에 성공한 갈리카는 그 이후에도 다마스쿠스 남부 라바나에 주둔했다. 그 후 1세기 후반경, 발칸 반도의 다뉴브강 일대로 이동했다.

툴루스는 멍하니 아피우스를 따라갔다. 그동안 정들었던 곳은 폐허가 되었다. 곳곳이 불타버렸다. 그는 매장할 사람이 없어 그대로 뒹구는 시체들을 지나갔다. 5살이 넘은 아이들은 무더기로 노예상에게 헐값에 넘겨졌다. 남겨진 어린아이들은 지역주민들이 데려갔으나 그들도 언젠가 노예가 될 것이다. 전쟁의 쓰라림과 로마의 오만함이 만연했다. 그들은 다시금 자신들이 얼마나 강한지 보여주었다.

툴루스가 가진 것이라곤 신고 있는 샌들과 때묻은 튜닉이 전부였다. 붉은 튜닉에 무장을 한 4명이 학교에 들이닥쳐 선생님을 죽이는 순간 모든 것을 잃었다. 그저 이 모든 것이 일어나기 전만 생각날 뿐이었다. 로마의 가장 유명한 극작가인 티투스 마키우스 플라우투스가 라틴어로 쓴 희극을 읽으며 킬킬거리던 때가 있었다. 그런데 선생님은 돌연 플라우투스의 비문을 읽어주었다. 200년 전에 쓰인 전설적인 비문(역자주:플라우투스가 생전 직접 쓴 비문)이다. 그것은 선생님이 읽어준 마지막 글이 되었다.

플라우투스가 죽은 뒤,

희극은 한탄하고

극장은 텅 비었으며

이어 웃음도, 기쁨도, 해학도

모두 같이 울었도다.[1]

라틴어는 어려웠지만, 배워서 알고 있다. 플라우투스
에게서 웃음은 사라졌다. 툴루스에게서도 웃음이 사라
졌다. 과연 툴루스는 이전처럼 다시 웃을 수 있을까? 알
수 없는 일이다.

아피우스는 툴루스를 데리고 병영으로 들어갔다. 그
곳엔 군단병과 백부장이 있었다. 그들을 본 툴루스는
어찌나 겁이 났던지 토할 뻔했다. 병영 안에는 말과 무
기가 쟁여져 있었고 사병들의 훈련과 검열이 있었다. 군
단병들이 툴루스를 보고는 호기심 어린 미소를 지으며
밤에 저 어린 녀석을 노리개로 삼을 수 있는지, 또 그를

---

1 플라우투스의 자필 비문은 아울루스 겔리우스의 수상록 "아티카의
밤"에 실려있다. 이 작품집에는 플라우투스의 비문을 포함하여 3개의 비
문이 담겨있다. Perseus Project 사이트에 가면 라틴어와 영문으로 된 텍
스트를 볼 수 있다. (2014년 9월에 확인함) http://perseus.uchicago.
edu

데려온 이유는 무엇인지 물었다. 그들의 농담에 아피우스는 무표정했다. 순간 아피우스가 엄한 눈빛으로 그들을 바라보자 일제히 입을 다물었다. 그것은 툴루스를 함부로 건드리지 말라는 뜻이었다.

아피우스는 로마 최고 군단의 가운데서도 으뜸가는 제1대대의 수석 백부장이었다. 다른 백부장들은 그보다 아래였다. 다른 백부장들은 아피우스를 어려워했다. 그렇다. 아피우스가 툴루스를 데려온 이유가 있었다.

"그래, 넌 뭘 할 줄 아느냐?"

아피우스는 막사로 들어갔다. 갑옷을 벗더니 조각목과 가죽으로 만들어진 의자에 앉았다. 고블릿에 든 보리 맥주를 간간이 마셨다. 아피우스는 툴루스에게 눈길도 건네지 않았다.

"무엇이든지 할 수 있습니다. 주인님."

툴루스는 꼼짝도 하지 않고 서 있었다. 바닥만 응시하던 툴루스의 눈에 백부장의 단검이 눈에 들어왔다. 그 단검은 벗어놓은 청동·가죽 갑옷 위에 놓여 있었다. 거무스름한 나무로 된 단검 손잡이엔 이국적인 문양이 새겨져 있었고 일정한 간격으로 청동 띠가 둘려져 있었다. 툴루스는 이러한 검을 한 번도 본 적이 없다.

"그리스 학교에 있다가 잡힌 것으로 알고 있다. 글은 읽을 줄 아느냐?"

아피우스는 잔을 들더니 단숨에 마셔버렸다. 그리고 맥주에 섞여 있는 보리껍질을 모랫바닥에 뱉었다.

"읽을 줄도 알고 쓸 줄도 압니다. 이것이 주인님에게 도움이 될까요?"

"물론이다. 글 쓰는 것을 도와줄 사람이 필요하다. 글을 제대로 모른다면 널 팔아 버리고 다른 노예를 알아봐야겠지."

툴루스는 글과 관련이 없는 일을 먼저 시작했다. 갈리카 군단의 천막을 철수하고 보급품을 노새에 실은 뒤 라바나로 진군하는 부대원을 뒤따라가야 했다. 아피우스는 보병대를 이끌고 험난한 지역을 가로질러 갔다. 시리아 서쪽 산맥을 따라 5일 동안 행군했다. 드디어 다마스쿠스에 있는 오아시스에 도착했다. 밤이 되자 천막을 세우고 횃불을 지피고 방어 지역에는 보초를 세웠다. 아피우스는 50여 명의 대대 백부장과 회의를 했다. 그리고 수석 백부장을 역임한 지역 호민관 원로를 만나기 위해 6명의 호민관을 데리고 출발했다.

한편 툴루스는 요리와 청소를 배우며 눈에 띄지 않게

지냈다. 잠은 아피우스의 천막 밖 맨바닥에서 잤다. 도망갈 생각은 추호도 하지 않았다. 시리아는 로마군으로 가득해서 도망친 노예가 잡히면 그대로 사형이었다. 툴루스는 검이나 창을 쉽게 훔칠 수 있었다. 하지만 그걸 가지고 뭘 하겠는가?

라바나는 갈리카의 영구 주둔지로 고지대 사막에 있는 그리스 도시이다. 도시 안으로 들어서니 곳곳에 그리스 문화의 흔적이 눈에 띈다. 오래된 극장, 시장, 사원은 사람들이 있는 곳이면 어디든지 따라가려는 듯 곳곳에 있었다. 아피우스는 라바나의 아주 크고 화려한 저택에 살고 있었다. 안뜰과 정원은 높은 돌담으로 둘러싸여 있어 외부인의 시선으로부터 차단되었다. 라바나는 수로를 통해 충분한 물을 공급하고 있었기에 시리아 일대에서는 가장 살기 좋은 도시였다. 광장의 분수대에서부터 아피우스의 저택에까지 수로를 통해 물이 공급되었다.

아피우스의 저택은 정교하게 꾸며져 있었다. 플라스터 벽에는 정원 풍경, 동물, 구불구불 길을 따라 분수대까지 이어지는 수로, 사막의 태양열을 피할 그늘막 등이 그려져 있었다. 수집가인 아피우스가 세워놓은 그리스

신 아폴로의 조각상이 정원 한 모퉁이를 다 차지하고 있었다. 툴루스는 지금까지 이처럼 부유한 집을 본 적이 없었다. 툴루스의 가족은 가난했지만 나름 안락한 생활을 했다. 그러나 아피우스는 비교가 불가할 정도로 부유했다. 저만치 떨어진 둔덕에 있었기에 시장의 소음과 사람 냄새로부터 자유로웠다. 해 질 녘에는 서쪽 사막 고지대로부터 산들바람이 불어와 온 집안을 채웠다.

홀로 남은 툴루스는 아무런 생각 없이 저택 주변을 거닐다가 이 집안의 다른 종을 만났다. 아침이 되면 많은 종이 집안일을 시작했다. 그 가운데 툴루스의 눈길을 끈 종은 가이우스라는 덩치 큰 아랍인이었다. 그는 부엌일을 하는 종에서부터 정원일을 하는 종까지 모든 종을 관리했다. 그가 지나갈 때마다 펄럭이는 겉옷은 마치 배의 돛처럼 보였다. 또 걷는다기보다 길 위를 둥둥 떠다니는 것 같기도 했다. 그가 불시에 나타나면 모두 긴장했다. 가이우스의 얼굴엔 흉터가 있었는데 싸우다가 생긴 것이라고 했다. 또 그의 오른쪽 눈에 백태가 끼어있었다. 그래서 그가 주시하면 모두 두려워했다.

가이우스는 툴루스를 다른 종과는 다르게 대했다. 툴루스가 어리다 보니 측은지심을 불러일으켰을까? 동시에 가이우스는 툴루스로 인해 심기가 편치 않은 듯했다. 아피우스의 바로 곁에 머물면서 극비 문서에 접근할 수 있기 때문일까? 툴루스는 읽고 쓸 줄 아는데 자기는 글을 잘 몰라서일까?

가이우스는 기억에만 의존하여 재정관리를 했다. 계약의 세부 사항, 합의 내용, 청구서 내용 등을 한 번 기억하면 잊지 않았다. 그러나 툴루스는 가이우스가 펜을 들고 있는 모습을 한 번도 보지 못했다. 글을 모른다는 사실이 가이우스를 주눅 들게 했을까? 그럴 리는 없다고 툴루스는 생각했다. 가이우스는 뭔가 다른 데에 신경을 쓰고 있다는 것이 분명했다. 그것은 다름 아닌 젊은 여종 리비아와 관련이 있었다.

아폴로와 다프네

이미지 1.3 제우스의 아들, 아폴로의 흉상

그리스·로마 신화에 등장하는 아폴로와 다프네의 이
야기에는 유혹하는 자와 달아나는 자 사이의 팽팽한 긴

장감이 담겨 있다. 아폴로는 에로스가 어린아이처럼 활을 가지고 노는 것을 보고 놀렸다. 이에 앙심을 품은 에로스는 아폴로에게 황금 화살을 쏴서 나무 요정 다프네를 사랑하도록 만들었다. 그러나 다프네는 달아났고 아폴로의 마음은 더욱더 불타오른다.(로마 신화에서는 에로스는 큐피드이며 오늘날 사랑의 화살이라는 말은 큐피드의 화살에서 나왔다.)

1세기 초 로마시인 오비드의 서사시 "메타폴리스"(변신 이야기)는 세계사와 주요 주제를 다룬다. 제1권에 아폴로와 다프네 이야기가 담겨 있다. 아폴로와 다프네의 이야기는 역사 전반에 걸쳐 여러 예술작품의 주제가 되었다. 르네상스 시대에도 마찬가지였다. 대표적인 작품으로는 현재 로마의 보르게세 미술관에 있는 베르니니의 대리석 조각(1625)을 꼽을 수 있다.

"네가 아피우스의 새로운 전리품이구나?"

리비아가 툴루스를 보자 처음 한 말이다. 지금껏 들어
왔던 여자의 목소리와는 아주 달랐다. 아주 관능적인
목소리로 단번에 툴루스의 관심을 끌었다. 툴루스와 리
비아는 아트리움 분수 근처에 서 있었다. 그녀는 마치
아폴로의 연인이라도 되는 양 실물 크기의 조각상에 기
대고 있었다. 리비아는 젊고 그리스어가 능통했다. 그녀
는 어깨에서 무릎 아래까지 드리워진 흰색 자수 옷을 입
고 있었다. 그녀가 걸친 하늘빛 튜닉은 감이 얇아 몸의
윤곽을 그대로 드러냈다. 그녀는 의도적으로 툴루스를
유혹했다. 툴루스는 충격을 받았고 즉시 위험을 감지했
다. 에메사에서는 젊은 아가씨가 말은 고사하고 쳐다보
지도 않았다. 지금 툴루스 앞에 있는 이 여자는 아피우
스의 소유가 틀림없다. 아내일 수도 있고 첩일 수도 있
다. 여하튼 툴루스는 처신을 잘해야 했다.

"전리품이라고요?"

툴루스는 어떻게든 그 자리를 떠나야 한다는 생각으
로 은연중 뒷걸음을 쳤다.

"전리품이 아니면 뭘까? 전쟁을 하면 할수록 노획물
과 전리품도 늘어나기 마련이지. 아마 아피우스는 너를

보고 아폴로를 떠올린 것 같아."

리비아는 툴루스가 먹잇감이라도 되듯 대담하게 다가왔다. 툴루스는 뒤로 물러서려 했지만, 몸이 움직이질 않았다. 두려움이 목구멍에서부터 올라왔다. 그녀와 이야기를 나누는 것은 위험한 일이었다. 혹시라도 아피우스가 정원을 거닐다가 웃고 있는 리비아와 툴루스를 본다면? 자기 나름의 결론을 내리리라 생각했다. 리비아가 등지고 있는 벽엔 그림이 가득하다. 음악의 신 아폴로가 나무 요정 다프네를 쫓아가는 그림이다. 툴루스는 로마의 시인 오비드가 다프네를 묘사한 시가 생각났다.

여전히 매혹적인 그녀,

미풍 속에 드러난 가녀린 팔다리,

달아나는 그녀의 옷자락은 등 뒤에서 나부끼고,

머리칼은 물결치도다.

달아날수록 그녀의 아름다움은 더하도다.[2]

---

2 다프네에 관한 묘사는 로마시인 오비드의 "변신 이야기"에 나온다.
페르세우스 프로젝트 참조 (http://perseus.uchicago.edu 2014년 9월
접속.)

툴루스는 자리를 떴다. 툴루스는 리비아 같은 여자를 만나 본 적이 없다. 그러나 그녀가 툴루스에게 관심이 있는 것은 분명했다. 툴루스가 어리기는 하지만 그런 유의 관심을 가볍게 여길 정도로 어리숙하지는 않았다. 아폴로가 자신의 바람이 이뤄지지 않았을 때 얼마나 절망했는지, 또 에로스의 장난으로 다프네의 운명이 어떻게 바뀌었는지 툴루스는 알고 있었다. 툴루스는 아직 에로스의 황금 화살을 맞아보지 않았지만, 그것이 얼마나 위험한지 알고 있었다. 리비아는 툴루스가 당황한 듯 황급히 사라지는 것을 물끄러미 바라만 보았다.

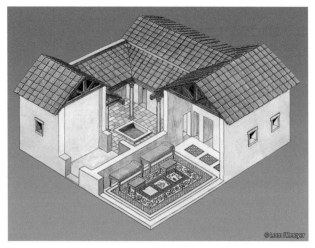

이미지 1.4 그림으로 본 로마 저택

툴루스의 고민

아피우스의 집에서 살아가려면 지혜로운 처신술이 필요했다. 툴루스는 에메사가 점령당한 이후 자신에게 드리워진 비극의 그림자에서 여전히 벗어날 수 없었다. 가족의 생사도 모를뿐더러 살아있다고 해도 찾을 방법이 없었다. 드디어 툴루스에게 구체적인 업무가 생겼다. 온종일 아피우스를 따라다니는 일이다. 갈리카 군단이 소집될 때마다 아피우스의 서기관겸 조수가 되어 파피루스 다발부터 보급품까지 모든 것을 신속하게 챙겼다.

대대원들은 상시 훈련을 했다. 이들은 직업 군인으로, 항상 군복과 무기를 정비했다. 전술에 능한 선임 백부장들이 수백 명의 젊은 병사를 훈련했다. 훈련을 통해 이들은 언제라도 전투에 임할 태세가 되어 있어야 했기 때문이다. 아피우스는 두루 다니면서 이들의 훈련을 지켜봤다. 대대원들은 유사시 조직적으로 신속하게 움직일 수 있도록 훈련을 거듭했다. 날아드는 화살을 방패로 능숙하게 막아낼 수 있어야 했고 어둠 속에서도 투석기를 해체하고 조립할 수 있어야 했다. 야간 기습으로 적군의 진영을 어지럽힌 후 재빠르게 빠져나올 수 있어야 했다. 그래야 적들은 혼비백산할 것이고 그 틈을 이용하여 재공격을 하는 것이다. 군단은 도시 주변에 주둔했다. 툴루스는 몇 주 만에 이들 군단이 하는 일을 파악할 수 있었다. 참호, 출입 암호, 순찰 등 수비와 관계된 일들을 다 꿰게 된 것이다. 더 나아가 대대의 임시 주둔지와 80여 명의 백부장과 최고 통솔자에 대해서도 알게 되었다.

아피우스의 제1대대는 다른 대대보다 특출했다. 병사들 자체가 뛰어났다. 제1대대는 5개의 백인부대로 나누어졌고 각 부대원은 150여 명이었다. 툴루스는 5개 백인부대를 통솔하는 5명의 백부장에 대해 잘 알게 되었다. 이들 모두가 아피우스의 지휘 아래 있었으며 늘 가까이 있었기 때문이다. 툴루스는 군 최고 사령관인 아피우스의 전령이었다. 툴루스가 아피우스의 소환장이나 서신을 전달하러 가면 백부장들은 그가 마치 아피우스라도 되는 듯 후대했다. 시간이 흐를수록 툴루스에 대한 신뢰도 높아졌다. 그들이 아피우스에게 보내는 서신도 툴루스에게 맡겼다. 툴루스 역시 자신이 하는 일에 능숙해졌고 자신감도 생겼다.

툴루스의 눈에 비친 군단 생활은 단순했다. 계급에 따

라 주어지는 혜택이 달랐다. 대원들 각자는 자신의 특권과 의무를 알고 있었다. 장교와 사병 사이의 계급 차를 무시하는 사람은 거의 없었다. 누구나 백부장이나 장교가 될 수 있는 것이 아니기 때문이다. 병사생활을 거친 장교들은 병사들에 대한 이해도가 높았기 때문에 중간 간부의 역할을 했다. 또한 이들은 정치적 배경을 등에 업고 낙하산으로 임명된 장교들에게 병사들의 상황을 설명해 주기도 했다. 사실 갈리카 군단은 이들 귀족 장교들을 대단하게 여기지 않았다. 따라서 군단 백부장들은 표면상으로는 이들에게 예를 표했지만, 속으로는 무

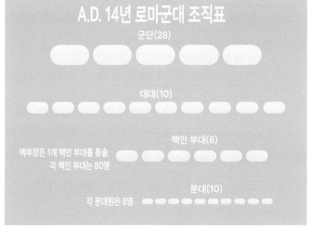

이미지 1.5 로마군단 조직도

시했다. 진영 중앙에 있는 장교 전용 막사에서 비번 백부장들의 대화에서 이러한 사실을 쉽게 엿볼 수 있었다. 귀족 장교들 역시 군단의 실질적인 핵심은 백부장이라는 것을 알고 있었다. 백부장들은 병사들에게 전투 동기를 부여했고 병사들은 상관에게 절대적으로 충성했다.

툴루스는 아피우스의 집에서의 생활이 여전히 힘들었다. 무엇보다 자신의 위치가 모호했다. 또한 막무가내로 접근하는 리비아가 부담스러웠다. 계급은 눈에 보이지 않지만 분명히 존재하는 것이다. 그 어떤 노예도 아피우스와 대화할 수 없었다. 뭔가 전할 것이 있을 땐 가이우스에게 말했다. 영지에서 일하는 종들에겐 가이우스가 최고 상전이었다. 가이우스만이 그들의 삶을 좌지우지할 수 있었다. 그의 말 한마디로 삶이 끝장날 수도 있다. 가이우스가 아피우스에게 종들에 대해 보고하기 때문이다. 리비아의 위치도 모호하기는 마찬가지였다.

툴루스가 아피우스의 집에서 생활을 시작한 이후 계절이 바뀌었다. 한여름 더위가 물러가고 이른 비가 내렸다. 곧 시리아 사막은 꽃으로 만발할 것이다. 툴루스는 아피우스의 집안 상황을 서서히 터득했다. 아피우스가 가이우스를 얼마나 신뢰하는지, 아피우스와 리비아가 얼마나 가까운 사이인지 알게 되었다. 리비아는 아피우스보다 20살 정도 어렸다. 그녀는 아피우스가 군단에서 받은 스트레스를 풀어줄 비법을 알고 있었다. 묘한 매력으로 남성들을 사로잡는 그녀는 도무지 종잡을 수 없었다. 툴루스 역시 그녀의 그러한 재주에 감탄하지 않을 수 없었다. 리비아가 아피우스의 관심을 끌었다는 것만으로도 그녀의 실력은 입증되었다. 아피우스와 리비아의 관계는 마치 신화 속의 아폴로와 다프네와 같다고 툴루스는 생각했다. 두 사람은 드러나지 않는 가운데서 각자의 역할을 했다.

"열심히 일하고 있네."

리비아가 교태 어린 목소리로 말을 건넸다. 그녀는 곧잘 사람을 놀라게 했다. 툴루스가 아피우스의 서신을 대필할 때면 더 심했다. 작은 필사실에 가구는 거의 없고 덩그러니 소파만 하나 있었다. 리비아는 맨발을 방석 위에 올려놓고 팔로 머리를 괸 채 비스듬히 누웠다. 그 모양새가 마치 조각상 같았다. 툴루스는 그녀의 자세만 보아도 의도를 알아챌 수 있었다.

"아피우스님의 일은 너무도 중요해서 절대 건성건성 할 수가 없답니다."

툴루스는 아주 바쁘다는 것을 알리려 애쓰며 말했다. 등에 방석을 기댄 채 다리를 모으고 무릎에 서류를 올려놓은 툴루스의 모습은 영락없는 필경사였다.

"아무리 바빠도 쉴 틈은 있겠지?"

리비아는 툴루스의 얼굴을 빤히 쳐다보았다. 그제야 툴루스의 눈에 리비아의 얼굴이 확연히 들어왔다. 눈썹은 로마인들처럼 짙게 칠했고 커다란 금귀걸이를 달고 있었다. 값비싸 보이는 보석은 이국적인 분위기를 자아냈다.

"쉬다니요? 쉴 시간은 없어요. 항상 가이우스가 지켜보고 있거든요."

"나랑 함께라면 가이우스도 아무 말 안 할걸."

리비아는 한쪽 귀걸이를 만지작거리며 장난을 쳤다. 그녀는 귀걸이와 툴루스를 번갈아 쳐다보더니 웃으며 말했다.

"6개월 동안 바깥 구경을 못 했는데, 나랑 나가볼래?"

순간 툴루스는 팔과 목에 땀이 솟았다. 그리고 갑자기 방안이 답답하게 느껴졌다.

"아피우스님은 너무 바빠서 올해엔 한 번도 나를 극장에 데리고 가지 않았어. 나랑 같이 외출하는 것이 그분을 도와주는 거야."

리비아는 다리를 꼬고 소파 팔걸이에 머리를 누우며 천장을 주시했다.

"아피우스님께 말씀을 드렸나요?"

툴루스는 깃털 펜을 내려놓으며 물었다. 툴루스는 뭔가 정체 모를 감정에 휩싸였다. 긴장감 속에서도 뜨거운 불 속으로 빨려 들어가는 듯한 느낌을 받았다. 그리고 툴루스는 리비아의 말에 관심을 보였다. 리비아 역시 툴루스의 그러한 변화를 알아차렸다. 리비아는 몸을 돌려 툴루스 쪽을 향하더니 어깨 위로 길게 늘어진 머리를 쓸어 넘겼다.

"물론 아무 말 안 했지. 말해봤자 신경도 안 쓸걸."

리비아가 속삭이듯 말했다.

"내 말만 믿어."

그런데 리비아가 갑자기 입을 딱 다물었다. 리비아가 소리 없이 들어왔듯이 가이우스도 소리 없이 들어와 문 앞에 서 있었다. 가이우스는 아피우스에게 절대적으로 충성하는 사람이다. 그러나 그가 리비아에 대해서는 어떤지 알 수 없다. 다만 아피우스가 리비아를 끔찍이 사랑한다는 것은 잘 알고 있었다. 가이우스는 아무 말 없이 꼼짝하지 않고 그 자리에 서 있었다. 그러한 그의 태도가 무엇을 의미하는지 알 수 없었다. 리비아와 틀루스는 얼른 거리를 두고 떨어져 앉았다. 가이우스가 틀루스에게 말했다.

"다마스쿠스에서 전령이 왔다. 당장 아피우스님을 모셔 와라. 전령이 아피우스님을 독대하기를 원한다. 급한 일이야."

라바나에서 두라-유로포스

가이우스는 리비아는 안중에도 없다는 듯이 말했다. 성급히 일어나 움직이는 툴루스를 뚫어지게 바라볼 뿐이었다. 툴루스는 아피우스가 집에 없다는 것을 확인하고 백부장 막사로 달려가겠다고 말했다. 그러자 가이우스는 툴루스를 옆방으로 데려갔다. 그곳엔 기병대 제복을 입고 땀으로 흠뻑 젖고 먼지를 뒤집어쓴 사람이 있었다. 아마도 급한 전갈인 듯했다. 일반 전령의 모습이 아니었다. 라바나에서 가장 힘 있는 백부장, 아피우스에게 직접 전달할 비밀이 있는 것이다.

툴루스와 전령은 서둘러 저택에서 나와 마을 외곽으로 갔다. 도시 성벽에서 조금 떨어진 갈리카 진영 목조 요새에 도착했다. 곳곳에 경비병들이 지키고 있었다. 경비병들은 툴루스를 즉각 알아보고 작은 두루마리를 들고 있는 전령과 함께 진영으로 들여보냈다. 두 사람은 금방 백부장들의 숙소로 들어갔다. 툴루스가 먼지투성이의 전령과 함께 지나가는 것을 본 사람들은 모두 궁금해했다. 전령이 왔다는 소문이 병사들 사이에 금세 퍼졌다.

툴루스는 아피우스가 글을 잘 모른다는 것을 이미 알고 있었다. 아피우스가 도착하자마자 툴루스는 두루마리의 봉인을 떼고 큰 소리로 읽기 시작했다.

12군단 풀미나타 수석 백부장 알부스가 3군단 갈리카 수석 백부장 아피우스에게,

신성한 아우구스투스의 아들, 티베리우스 케사르의 이름으로 경의를 표하며, 시리아 두라유로포스에서.

당신이 건강하고 힘이 넘치게 해달라고 당신을 대신해서 신 앞에서 여러 날 기도하고 제사를 지냈소. 당신의 가정 또한 평안하길 바라오.

우리가 다마스쿠스에서 만난 지 여러 달이 지났소. 이제 당신에게 도움을 청하오. 우리는 유프라테스강에

있는 요새를 방어하기 위해 북쪽으로 이동하였소. 그러나 군세가 매우 약해 위험하오. 내 휘하에는 2개 대대가 있소. 지금 파르티아군대가 우리를 공격하기 위해 이동할 것이오. 풀미나타 호민관에게 지원 병력을 보내달라고 요청했지만, 거절했소. 2개 대대면 충분한 병력이라고 말하면서 말이오. 하지만 그가 실수한 것이오.

안디옥에 있는 다른 군단도 우리를 지원할 수 없소. 부족의 반란 때문에 타우루스산맥으로 병력이 이동했기 때문이오. 나에겐 아무도 없소.

친애하는 친구 아피우스, 우리 둘 다 이 모든 것이 의미하는 바를 알 것이오. 행군하지 않는 보병이란 쓸모없소. 호민관은 오직 로마와 자신들의 경력만 생각하고 있소.

가능하다면 조속히 합류해 주시오. 당신 휘하에 있는 백부장들을 거느리고 와 주시오. 나는 두라–유로포스에 있소. 당신도 그곳을 알 것이오.

내 전령, 펠릭스를 잘 대해주면 고맙겠소. 먼 길을 달려갔소. 그가 좋은 소식을 가지고 올 수 있길 바라오. 팍스 테쿰. 당신에게 평화가 깃들기를.

갈리카 제1대대 백부장들은 아피우스를 에워쌌다. 이들은 수석 백부장 아피우스가 신임하는 자들이었다. 아피우스는 툴루스를 놔두고 조용히 징교들에게 가서 냉령을 내렸다.

날이 밝으면 진군하기로 했다. 우선 대대에 필요한 200명의 기병대를 소집하기 위해 백부장 한 명을 보냈다. 또 다른 백부장은 훈련 중인 베니게 출신 용병 궁수 100명을 소집했다. 남은 두 백부장은 의료용 마차와 모든 보급품을 운송할 수송용 대열을 준비하라고 지시했다.

이제 곧 천여 명의 병사들이 시리아 중부를 향해 빠르게 북상할 것이다. 아피우스는 지도 작성병에게 행군 진로를 그리라고 지시했다. 아피우스는 제1대대와 부속 병사를 이끌고 다마스쿠스로 북상한 후, 그곳에서 재보급을 하고 고대 팔미라 오아시스를 향해 동쪽으로 진군할 것이다. 열흘이면 두라에 도착할 것으로 예상했다. 대대를 다그칠 수도 있지만, 그럴 필요가 없었다. 병사들은 자신의 직무를 잘 알고 있었기 때문이다. 훈련이 워낙 잘 된 군대라 마치 재갈 물린 말처럼 명령만 떨어지면 즉시 움직였다.

현명한 지휘관은 적절한 명령과 전략을 구사한다. 그렇지 않으면 병사들이 우왕좌왕하기 마련이다. 잘 통제된 군대가 승리할 수 있다. 군단병들은 명령에 따라 즉각 움직였다. 툴루스는 부리나케 짐을 꾸렸다. 그리고 와자지껄한 가운데서 병사들의 대화를 들었다. 대화로 미루어 보아 그들은 금방이라도 싸울 준비가 되어 있었다. 그들은 시리아에 있는 풀미나타 대대를 지원하기 위해 서둘러 출발할 것이다. 갈리카 군단은 파르티아인이 로마의 명예를 훼손하는 것을 용납하지 않을 것이다.

아피우스는 툴루스에게 따라오라는 손짓을 한 후, 가까이 있는 호민관 막사로 성큼성큼 걸어갔다. 툴루스가 전에도 보았듯이 아피우스는 명령을 하달했다. 그에게는 부하들을 꼼짝 못 하게 하는 힘과 권위가 있었다. 아피우스는 티베리우스 황제와 로마 군대의 명예를 거론하며 출정의 당위성을 설파했다. 이제 갈리카 대대는 로마가 자랑하는 군단 가운데 하나를 돕기 위해 진군할 것이며 이것이 갈리카 대대에겐 최고의 영예가 될 것이라고 말했다. 9개 대대는 남아 라바나 요새를 지킬 것이라고 했다. 이러한 결정에 대해 군소리를 하는 사람은 아무도 없었다.

아피우스와 갈리카 대대는 금방이라도 북쪽으로 진군할 준비를 했다. 지시를 끝낸 아피우스는 부하들에게 감사를 표하고 자리를 떴다. 대대원들은 몇 시간에 걸쳐 운송 계획을 마쳤다. 사막 지리를 꿰고 있는 시리아인들을 시켜 지도를 작성하고 진군행로를 재점검하게 했다. 행군 일정도 정해졌다. 보급품도 충분한지 재차 확인했다. 수십 대의 마차와 함께 노새 60마리와 낙타 12마리를 끌고 갈 것이다. 출발 준비가 완벽하게 끝났다.

늦은 저녁, 아피우스는 집으로 돌아왔다. 식솔들 모두가 잠도 자지 않고 불안해하며 웅성거리고 있었다. 가이우스는 아름답게 장식된 대문을 열어두었다. 그리고 아피우스를 맞이하기 위해 그 앞에 서서 거리를 지켜보았다. 군단이 움직이면 전투가 임박했다는 뜻이다. 또 전쟁을 치르면 많은 사람이 살아 돌아오지 못한다. 가이우스는 걱정을 떨쳐낼 수 없었다. 그러나 아피우스는 수없이 많은 전투를 치렀고 부대원들도 잘 이끌지 않았던가. 아피우스는 가이우스를 끌어안았다. 노예로서는 상상도 할 수 없는 몸짓이었다. 그리고 두 사람은 아피우스가 없는 동안 어떻게 집을 관리할지 이야기했다. 아피우스는 가이우스가 이미 갑옷을 손질해서 놓아둔 것을 보았다. 아침이 되면 군단병이 노새를 끌고 와서 아피우스의 천막, 장비, 여분의 무기를 실어 갈 것이다.

그런데 아피우스가 제일 보고 싶어 하는 사람은 리비아였다. 그녀는 아피우스의 등 뒤에 쌓여있는 군 장비 뒤 어두운 곳에 서 있었다.

"저는 군대도, 전쟁도 싫어요. 이번에 떠나시면 결코 못 돌아오실 거예요."

리비아는 분노와 충격으로 목이 막혀 말을 제대로 할 수 없었다. 마냥 흐르는 눈물이 그녀의 짙은 화장을 씻어내려 옷에 얼룩이 지게 했다. 그녀는 더는 성 노리개가 아니었다. 공포에 사로잡힌 한 여인일 뿐이었다. 리비아는 아피우스라는 사람과 그가 제공하는 안락함을 좋아했다. 그녀는 군대의 임무와 폭력성에 대해 알고 있었다. 만일 아피우스가 전쟁에서 죽는다면 이 집안은 풍비박산 날 것이고 자신은 쓸모없어진 그릇처럼 내동댕이쳐지리라는 것을 알았다.

데카폴리스

BC 7세기, 로마 장군 폼페이우스가 근동지역을 정복했을 때, 시리아 남부의 그리스 도시들을 해방 시켰다. 이들 도시는 100년 이상 유대의 통치를 받아왔다. 폼페이우스가 유대와 예루살렘을 정복하기 위해 진군할 때, 용병과 물자를 제공했다. 그 보상으로 폼페이우스는 이들 도시가 유대인 지역에 있지만, 유대의 지배하에서 벗어나게 하겠다고 약속했다. 데카폴리스, 즉 10개의 도시는 스키토폴리스, 히포스, 가다라, 라바나, 디온, 펠라, 거라사, 필라델피아, 카나타, 다마스쿠스이다. 이들 도시는 유대의 통치에서 해방되어 로마의 보호를 받고 번성하기를 원했다.

이 가운데 복음서에 등장하는 거라사(예수가 군대 귀신을 쫓아낸 곳)는 현재 요르단의 제라시이다. 다마스쿠스는 오늘날 시리아의 수도이다. 오늘날 다마스쿠스(시리아), 히포스, 스키토폴리스(이 두 도시는 이스라엘의 갈릴리에 위치)를 제외한 나머지 도시는 현재 요르단의 도시이다. 현재 요르단의 수도 암만은 고대 데카폴리스 중 하나였던 필라델피아이다. 지금은 요르단과 시리

52

아를 여행하는 관광객들 사이에 사원, 극장, 시장, 유명한 공공건물 유적지를 찾는 이들이 뜸해졌다.

로마는 지중해 동부 전 지역을 점령했다. 파르티아는 이러한 로마 점령지의 방어선을 꾸준히 공격했다. 이것은 1세기 무렵 시리아와 유대의 병력이 많이 강화되었다는 것을 의미한다. 두라-유로포스는 유프라테스강이 내려다보이는 60m 높이의 언덕 위에 있는 전초 기지로서 적군의 침투에 대한 조기경보를 위해 세워졌다. 이곳엔 파르티아인과 로마인이 함께 거주했다. 전쟁이 없을 때는 여러 문화권의 무역기지 역할을 했다. 이곳에서 발견된 그리스어, 라틴어, 아랍어, 히브리어, 시리아어 그리고 페르시아어 비문이 그 증거이다.

두라-유로포스는 오늘날 시리아의 알살리히야 마을 부근이다. 라바나도 고대 데카폴리스 중 하나로 추정된다. 이 추측이 맞는다면 오늘날 요르단의 이르비드에서 8km 떨어진 곳이 라바나일 것이다. 1980년 이후 라바나의 극장, 도시 성벽과 수많은 사원이 발굴되었다. 일부 학자들은 이곳이 고대 라바나인지 아닌지 확신하지 못하기에 라바나는 아직 발견되지 않았다고 생각한다.

툴루스, 너는 내 가족이다

한 시가 후에 툴루스가 돌아왔다. 다음 날 출발할 수 있도록 아피우스의 장비들이 잘 갖추어져 있는지 확인하기 위해 안뜰을 가로질러 갔다. 뜰에 들어섰을 때, 아피우스와 리비아를 보았다. 서로를 끌어안고 있는 모습이 아주 다정해 보였다. 리비아는 툴루스가 생각하고 있는 것 이상으로 아피우스를 사랑하고 있다는 것을 알 수 있었다.

드디어 아침이 되었다. 툴루스로서는 내키지 않아도 따라나서야만 하는 첫 출정이었다. 아피우스는 해가 뜨기 훨씬 전에 일어났다. 툴루스는 아피우스가 갑옷 입는 것을 도왔다. 툴루스 또한 쇠비늘갑옷을 입었다. 허리에는 한 번도 사용해 본 적이 없는 단도를 찼다. 아피우스는 툴루스를 최전방에 배치할 생각을 전혀 하지 않았다. 전장과는 멀찌감치 떨어져 필사와 기록을 해야 하기 때문이다. 툴루스는 아피우스와 일정 거리를 유지하고 있다가 저녁이면 그의 곁에 머물렀다.

4명의 기병이 청동 갑옷을 입은 위풍당당한 흑마를 끌고 나타났다. 이들은 아피우스의 경호 병사로 전투

내내 그와 함께 있을 것이다. 아피우스는 말에 오르기 전에 가까이 서 있던 툴루스에게 지시했다.

"진군하는 동안엔 짐마차 행렬에 바싹 붙어 있어라. 의료용 마차가 선두에 설 텐데 거기가 네 자리이다."

아피우스는 깃털이 달린 전투용 투구를 쓰고 있었다.

"공격당하면 어떻게 할까요? 저도 싸워야 하나요?"

툴루스의 목소리가 애처로웠다. 그는 이 거대한 전투 집단 속에서 자신이 해야 할 일을 찾고 있었다.

"넌 싸우지 않아도 돼."

아피우스는 툴루스가 알아들을 수 있도록 분명하게 다시 말했다.

"너는 우리와 함께 싸우지 않아도 돼. 의사들과 함께 마차에 있으면 된다."

툴루스는 아피우스에게서 전에는 볼 수 없는 무엇인가를 느꼈다. 늘 근엄하기만 했던 그의 또 다른 면을 본 것이다.

"넌 내 가족이다. 네가 죽게 내버려 두지는 않을 것이다."

전에는 한 번도 들어본 적이 없는 말이었다. 동시에 툴루스는 자신의 위상은 단지 노예가 아니라는 것을 어렴풋이 느꼈다. 아피우스 역시 그를 노예 이상으로 생각하고 있다는 것을 알았다.

기지에 도착하니 제1대대는 전투 대열로 서 있었다. 주둔지를 지키기 위해 남게 될 백부장들도 그들을 파송하기 위해 다 나와 있었다. 코르니친, 즉 나팔병들이 진군나팔을 불었다. 기병대가 선두에 섰다. 그들 가운데 12명의 기병이 정찰을 위해 저 멀리 수평선을 향해 달려 나갔다. 또 다른 기병들은 대대의 측면을 방어하기 위해 좌우로 넓게 정렬했다. 툴루스는 이 모든 광경을 지켜보았다. 기병대에 이어 전문부대에 속하는 궁수

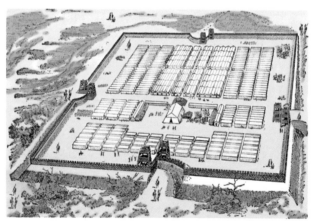

이미지 2.1 전형적인 로마 군대 진영.

들이 노새와 마차와 함께 뒤따랐다. 그리고 중무장한 병사들은 대열의 맨 뒤에 섰다. 아피우스와 그의 호위병들은 대열 사이를 자유롭게 움직였다. 병사들은 아피우스를 바라보며 힘을 얻을 것이다. 동시에 아피우스는 부대원들을 자세히 관찰하면서 그들의 피로도가 어느 정도인지 살필 것이다. 앞서간 정찰병들이 돌아와 아피우스에게 보고를 했다. 돌아온 정찰병들은 백인부대와 함께 선두에 섰다.

진군하라

군단은 하루에 56km를 진군했고 툴루스는 그러한 이동 속도에 놀랐다. 저녁에는 방어 진영을 구축했다. 아피우스의 군대는 3일 만에 다마스쿠스에 도착했다. 5일만 더 진군하면 팔미라(BC1-2에 건립된 오늘날 시리아 타드무르)에 도착할 것이다. 그다음엔 유프라테스강 쪽으로 진군할 것이다. 툴루스는 나날이 불안해졌다. 그는 로마 군대가 공격할 때 어떤 상황이 펼쳐지는지 이미 봤기 때문이다. 툴루스는 그 끔찍한 광경을 다시금 보고 싶지 않았다. 병사들은 날이 갈수록 자신감이 넘치고 용기백배했다. 파르티아인은 개라며 자주 욕을 퍼붓기도 했다.

아피우스는 병시가 진영에민 머물면 약해질 수밖에 없다는 말을 자주 했다. 그래서 병사들은 이동하고 전투를 해야만 나날이 새롭게 태어날 수 있다는 것이다. 출발 10일째 되는 날, 제1 대대는 유프라테스강에 도착했다. 시리아 사막의 고대 보물로 불리는 팔미라의 오아시스에서 휴식을 취했다. 그리고 재보급 후 팔미라 군단의 지도 제작병을 따라 며칠 동안 험한 사막길을 갔다. 사막에는 위험 요소가 많다. 사막의 뜨거운 열기를 이겨내야 했고 물이 부족할 수도 있으며 더 나아가 적과 맞닥뜨릴 수도 있다.

유프라테스강이 가까워지자 말들이 먼저 물 냄새를 맡았는지 사막을 가로지르는 긴 강을 향해 빠르게 내달렸다. 강의 어귀를 장식한 관목과 꽃들이 울창했고 병사들은 그늘에서 피로를 풀 수 있었다. 기병대의 말과 짐을 나르는 동물에게 서둘러 먹이를 먹이고 강물을 마시게 했다. 그 사이 군단병들은 군장비수송 마차에 쌓아둔 빈 염소 가죽 통에 물을 채웠다. 진영을 구축하고 보초병들은 주위를 살펴보고 안심해도 되겠다는 판단을 내렸다. 그러자 아피우스는 불을 지피고 낙타 2마리를 잡아 배불리 먹으라고 지시했다. 병사들이 흥겹게 먹고 마시는 모습을 본 툴루스는 놀랐다. 빵, 구운 낙타고기, 맥주 등이 풍성하게 제공되었다. 병사들은 과거 무용담을 나누면서 자부심을 드러냈다. 다음 날 아침에는 두라를 향해 남동쪽으로 행군하리라는 것을 모두 알고 있었다.

다음 날 해가 뜨기 전, 정찰병들은 말을 타고 강줄기를 따라 남쪽으로 내달리면서 현 위치와 구라까지의 거리를 확인했다. 나팔 소리가 나자 모든 병사는 진영을

이미지 2.2 마사다에서 발굴된 로마 군대 진영

해체하고 동물과 마차를 정비했다. 세 번째 나팔 소리가 울려 퍼지자 대열을 갖추었다. 생기와 열정을 되찾은 병사들은 진군하고 싶어 안달할 정도였다. 그들 가운데 몇몇은 말이 강의 냄새를 맡듯이 자기들도 파르티아인의 냄새를 쉽게 맡을 수 있다고 떠벌렸다.

십여 명의 정찰병이 새벽 순찰을 마치고 돌아오자 아피우스는 대열 선두에 섰다. 두라는 생각보다 가까웠다. 2시간 안에 도달할 수 있는 거리였다. 파르티아 경보병이 밤새 요새를 포위하고 있었지만 끄떡도 안 했다. 아피우스 정찰병들의 보고에 따르면 들키지 않고 얼마든

이미지 2.3 유프라테스강이 내려다보이는 것 두라-유로포스의 유적

지 접근할 수 있다고 했다. 그렇다면 요새의 측면을 기습공격해서 승리할 수 있겠다고 아피우스는 생각했다. 아피우스는 며칠 동안 입지 않았던 갑옷을 착용했다. 짐마차는 모두 후방으로, 궁수들은 전방으로 이동시켰다. 기병들은 가슴막이 갑옷을 입고 말에겐 눈가리개를 씌웠다. 그리고 둘로 나뉘어 대열 양 측면으로 넓게 퍼져 나가면서 달렸다. 그들은 1시간도 채 되기 전에 언덕 위에 올라섰다. 남쪽 강가를 따라 위치한 두라-유로포스의 로마군 요새가 시야에 들어왔다. 인근에는 700여 명의 파르티아군이 진을 치고 있었다. 그들은 군사용 말도 없었고 지휘체계도 허술했다. 아피우스의 군단 앞에 그들은 거의 무방비상태였다.

우측 기병대가 요새를 향해 진격했다. 좌측 기병대는 남동쪽으로 파고들면서 파르티아인의 퇴로를 차단했다. 파르티아군은 아피우스의 군대의 규모에 놀라 겁에 질려 갈팡질팡했다. 일부는 급습에 대항했고 일부는 엄폐물을 찾아 도시로 향했다. 그러나 그들은 이미 노출되었고 방패와 창으로 단단히 무장한 아피우스의 군대에 대항할 수 없었다. 툴루스가 이 광경을 보고 놀랐다. 그 사이 툴루스가 탄 마차는 도시 안으로 서서히 이동했다. 으스스한 적막 속에서 진격하는 로마군은 실로 놀라웠다. 궁수들은 맞서는 파르티아군 머리 위로 화살을 퍼부었다. 많은 파르티아인 병사가 로마 병사와 미처 싸워보지도 못한 채 쓰러졌다.

아피우스의 군대는 붉은 청동 물결처럼 사막을 천천히 가로질렀다. 아피우스의 군대는 패배라고는 모르는 자신감과 갑옷으로 철저히 무장했다. 이어 수백 개 창이 허공을 날아 파르티아 보병에게 꽂혔다. 그러자 방패를 든 보병들이 함성을 지르며 일제히 돌격했다. 아피우스군은 적군을 살려두지 않았다. 상대가 워낙 약하다 보니 백부장의 통솔이 없이도 병사들이 알아서 움직였다. 백인부대가 평원을 가로지르자 파르티아군은 퇴각했다. 측면에 있던 기병대 한쪽은 포위망을 좁혀 들여 갔고 다른 한 편은 달아나는 파르티아인을 사정없이 공격했다.

아피우스는 군수품 마차를 요새로 이동시키라고 지시를 한 후 십여 명의 기수와 함께 앞으로 내달렸다. 성문이 열리면서 풀미나타 군단병들이 달려 나왔다. 그들은 아피우스 군대와 합세하여 도시로 도망간 파르티아군을 추격하였다. 의료용 마차가 멈추자 툴루스는 가벼운 마음으로 마차에서 내렸다. 그가 그토록 두려워했던 일은 일어나지 않았다. 모든 것이 성공리에 마무리되었다. 두라는 구출되었고 지원군의 압박으로 파르티아군은 동쪽으로 퇴각할 것이다. 몇 시간 동안 간을 졸이던 툴루스는 그제야 긴장을 풀었다.

아피우스 군은 성문 안으로 밀물처럼 들어갔다. 풀미나타 수석 백부장 알부스는 요새 안뜰에서 아피우스를 끌어안았다. 아피우스 뒤를 바짝 따라가던 툴루스는 알부스와 아피우스가 오랜 친구이면서도 서로에 대한 존경심이 깊다는 것을 알게 되었다. 이 두 사람은 각자 자기 군단에서 최고의 위치까지 올라갔다. 두 사람 모두 로마 제국에서 전도양양한 입지를 굳히고 있었다.

유프라테스강

유프라테스강은 고대 로마 시대에 매우 중요한 강이었다. 아나톨리아(터키) 동부에서 발원하여 시리아와 이라크를 가로질러 흐른다. 이어 많은 지류와 합류한 후 남동쪽으로 3,200km 떨어진 메소포타미아로 흘러 들어간다. 티그리스강과 함께 나란히 흐르다가 페르시아만으로 흘러가면서 거대한 삼각주를 형성한다. 오늘날에는 터키, 시리아, 이라크를 거쳐 흐른다.

이 강은 사막을 횡단하는 대상들의 통로이기도 하다.

이미지 2.4 팔미라의 벨 사원

아브라함도 이 길을 통해 메소포타미아에서 가나안으로 이동했다. 그러나 이 강은 이집트와 메소포타미아로 오가는 군용 물길이었다. 로마 시대에 파르티아 군이 로마 서부를 압박할 때 사용했다.

대상들은 거대한 시장이 있는 시리아의 알레포로 갈 땐 주로 이 강을 이용한다. 강을 따라 남서쪽으로 가면 시리아 중부, 안디옥과 레바논까지 갈 수 있다. 지금의 데이르에즈조르로 갈 때도 유프라테스강에서 팔미라의 오아시스 서쪽으로 가면 다마스쿠스까지 빨리 갈 수 있다. 이 책에 등장하는 아피우스는 두라에 최대한 빨리 도착하기를 바랐다. 그래서 아피우스의 지도 작성병은 다마스쿠스와 팔미라 길을 진군 행로로 정한 후, 유프라테스강으로 향했다.

화살에 맞은 아피우스

툴루스는 마음을 푹 놓고 있었다. 진영은 예포와 축하로 시끌벅적했다. 무거운 갑옷을 벗은 아피우스 곁에는 경호병들이 있었다. 아직 도시 곳곳은 교전 상태라서 싸우는 소리가 들려왔다. 그러나 그 소리도 점차 잦아들었다.

툴루스는 로마의 외곽 요새 풀미나타를 돌아보기로 했다. 그는 성벽에서 멀리 굽이쳐 흐르는 유프라테스강까지 한눈에 들어오는 감시탑까지 갔다. 이전에 보았던 유프라테스강과는 다른 모습이었다. 사막을 가로질러 흐르는 그 강은 좁지만 힘차게 바다를 향해 흘러갔다. 아마도 바빌론을 지나 그가 꿈꾸던 곳까지 흘러갈 것이다. 저만치 아래 보이는 견고한 성벽과 도시의 전경이 눈에 들어왔다. 2층 건물들이 눈에 띄었다. 지붕에서 낮잠을 잘 수 있도록 지어진 그 건물들은 성벽 꼭대기와 아주 가까워서 뛰어내려도 되겠다는 생각이 들게 했다.

툴루스는 탑으로 이어지는 계단을 발견했다. 그 계단은 경비병 숙소인듯한 성벽 안으로 이어졌다. 그곳엔 검과 튜닉 등 파르티아와의 전쟁 때 획득한 전리품들이 진열되어 있었다. 파르티아 특유의 문양이 새겨진 예술품도 있었다. 엄청난 양의 화살이 담긴 상자도 있었다. 성벽 경비병에게 화살은 주요 무기였다. 그때 발소리가 들렸다. 그러나 툴루스는 개의치 않았다. 초소를 지키는 경비병이라고 생각했다. 그러나 아니었다. 어둠 속에서 파르티안 보병이 그를 노려보고 있었다. 그는 다친 듯 왼쪽 팔이 축 늘어졌고 어깨에서는 피가 많이 흘렀다. 쇠비늘갑옷 소매는 이미 잘려 나갔다. 흐르는 피가 쇠비늘갑옷 틈새를 타고 흘러 그의 손가락 끝에서 뚝뚝 떨어졌다.

오른손에 든 장검을 돌바닥에 고정한 채 몸을 의지하고 숨을 몰아쉬고 있었다. 그로서는 툴루스를 그냥 놔둘 수 없었다. 툴루스가 발설이라도 한다면 그는 끝장이다. 놀란 툴루스는 뒷걸음치려고 했으나 발이 떨어지질 않았다. 발이 납덩이처럼 무거웠다. 자신을 노려보는 파르티아 병사의 눈길을 벗어날 수가 없었다. 파르티아 병사가 검을 들어 올릴 때 검 끝이 돌바닥에 부딪혀 소리를 냈다. 그는 무거운 검을 가슴까지 들어 올리더니 툴루스를 향해 힘차게 휘둘렀다. 툴루스는 몸을 뺐다. 툴루스를 비껴간 칼날이 벽의 화살통을 가르면서 날카로운 소리를 냈다. 수십 개의 화살이 반으로 잘리고 나무 파편들이 흩날렸다. 일격에 실패하자 그는 격분하여 툴루스에게 다가섰다. 그제야 툴루스도 정신이 번쩍 들어 날쌔게 검을 피했다. 툴루스는 자기에게도 칼이 있다는 것이 생각나서 칼을 칼집에서 꺼냈지만, 턱없이 작았다. 그 모양을 본 파르티아 병사는 비웃으며 계속 툴루스에게 다가왔다. 툴루스는 조심조심 뒤로 물러섰다.

파르티아 병사와 툴루스는 마치 고양이와 쥐 같았다. 툴루스는 궁지에 몰린 쥐였다. 그러나 상대방은 심한 상처를 입었고 무거운 갑옷을 입은 상태라 몸놀림이 자유롭지 못했다. 순간 툴루스는 결코 해서는 안 될 실수를 저질렀다. 파르티아 병사에게서 눈을 떼지 못하고 뒷걸음치다 나무 탁자에 부딪혀 넘어졌다. 그러자 파르티아 병사는 재빨리 다가와서 검으로 툴루스를 내리쳤다. 툴루스는 얼른 검을 피해 뒤집힌 탁자 아래로 숨었다. 검과 탁자가 부딪치자 탁자가 두 쪽으로 갈라졌다. 피할 곳이 사라졌다. 툴루스는 이제 끝이구나 생각했다.

그때, 누군가 툴루스를 부르는 소리가 들렸다. 멀리서 나지막이 들리던 그 소리가 가까워지면서 툴루스가 있는 곳까지 다가왔다. 툴루스가 죽게 내버려 두지는 않겠다고 약속했던 아피우스의 목소리였다. 알부스도 아피우스와 함께 있었다.

"툴루스 도대체 어디 있는 거냐?"

툴루스가 바닥에 쭈그린 채 비명을 질렀다. 그러자 파르티아 병사는 재빨리 몸을 돌렸다. 이제 그는 툴루스를 해친 후 아피우스와 알부스, 두 명의 백부장을 상대해야 했다. 그는 부서진 탁자 뒤로 몸을 돌리더니 자신 만만하게 최후의 일격을 가할 태세를 취했다. 그때 툴루스는 로마 단검을 휘두르는 소리를 들었다. 그 검은 상상도 못 할 정도로 빠르게 허공을 가르더니 파르티아 병사의 뒤통수를 거쳐 쇠비늘갑옷을 갈랐다. 파르티아 병사는 앞으로 고꾸라지면서 잘려 나간 탁자를 들이받았다. 그는 장검을 툴루스 앞에 떨어뜨리고 눈을 부릅뜬 채 바닥에 쓰러졌다. 툴루스의 발밑으로 그의 피가 흐르고 있었다. 툴루스의 손에도 피가 묻었다. 피를 본 툴루스는 겁에 질렸다.

"툴루스, 다친 데는 없느냐? 대답해봐!"

아피우스는 어지럽혀진 첨탑 바닥을 성큼성큼 다가왔다. 잠시 멈춰서서 파르티안 병사를 확인하고는 툴루스를 일으켜 세웠다. 툴루스는 파르티아인의 피로 범벅이 되어 있었고 두 눈은 겁에 잔뜩 질려있었다.

　그런데 어둠 속에서 또 다른 파르티아 병사가 나타났다. 그를 본 알부스가 소리쳤다. 아피우스의 경호병들도 뛰어 들어왔다. 순간 모두 얼어붙었다. 파르티아 병사는 궁수였다. 그는 툴루스를 안고 다친 곳은 없는지 살피고 있는 아피우스를 향해 활을 겨누었다. 알부스와 4명의 경호병이 그를 제압하려고 흩어졌지만, 알부스의 눈앞에는 상상조차 하기 싫은 악몽이 펼쳐졌다. 갑옷은 벗은 채 리넨 튜닉과 가죽조끼만 입고 있던 아피우스는 파르티아 궁수에게 등을 보이고 있었다. 그의 등 뒤엔 파르티아 궁수가 있었다. 아피우스가 뒤를 돌아보는 순간 이미 화살은 활시위를 떠나 날아오고 있었다. 화살은 쏜살같이 날아 아피우스의 어깨에 깊이 박혔다. 주위에 있던 사람들은 이 장면을 느린 동작으로 보듯 지켜보았다.

두라-유로포스에서 라바나로

두라 전투 후 며칠 동안 아피우스의 의식이 오락가락했다. 군의관들이 화살의 상당 부분을 잘라냈다. 그러나 몸속에 박힌 화살은 빼낼 수 없었다. 화살촉을 잘못 건드려 혹시라도 문제가 생길까 봐 겁을 냈기 때문이다. 또 출혈도 심할 것 같았다. 아피우스는 고열로 땀에 뒤범벅이 되어 숨쉬기도 힘겨워했다. 의사들은 조심스럽게 아피우스의 상처를 초산으로 닦아 낸 후 약초를 발랐다. 질병과 악귀를 몰아내기 위해 독한 향을 피웠다. 그리고 피를 뽑아내면 열이 내릴 것이라는 생각에서 상처를 내서 피를 뽑기 시작했다.

아피우스에게 남은 희망은 큰 사원들이 있는 다마스

쿠스로 가는 것이었다. 그곳 사원에는 아스클레피오스 (로마 신화에 등장하는 의술의 신)가 자주 나타나서 수많은 사람의 병을 치료한다는 소문이 있었다. 또한 그곳 치유사들은 실력이 뛰어나기 때문에 아피우스를 치료할 수 있을 것이다. 따라서 아피우스를 빨리 다마스쿠스로 데리고 가야 했다.

두 대의 의료 마차와 아피우스의 호위병들을 포함한 20명의 기병은 서부 다마스쿠스를 향해 출발했다. 마차 바퀴가 덜컹거리는 소리를 내며 달리는 동안 아피우스는 의사들이 처방한 아편으로 인해 정신이 몽롱한 상태였다. 군대를 이끌고 움직일 때와 달리 이동 속도가 빨랐다. 아피우스를 실은 마차는 곧 팔미라에 도착했다. 그곳에 있는 로마군 요새에서 말을 바꾼 후 서둘러 다마스쿠스로 출발했다. 날이 밝자 의사들은 아피우스의 상태를 보고 가망이 없다고 말했다. 툴루스는 꼼짝하지 않고 아피우스의 곁을 지켰다. 아피우스는 두라에서 죽을 위기에 처한 툴루스를 구했다. 아피우스와 툴루스의 유대감은 그 누구도 끊을 수 없을 것이다. 툴루스는 아피우스에게서 전에 느끼지 못했던 애정을 느꼈다. 그것은 아버지에게서도 느껴보지 못했던 생소한 감정이었다. 툴루스는 지난 며칠 동안 아피우스와 함께 많은 일을 겪었다. 특히 감시탑에서의 일은 두 사람의 관계를 그 무엇보다 견고하게 만들었다. 툴루스는 뭘 해야 할지 몰랐다. 마차에 앉아 아피우스의 팔에 손을 얹고 아스클레피우스에게 자비를 베풀어달라고 기도했다.

유명한 데카폴리스 가운데 하나인 다마스쿠스는 지중해 내륙에 있는 고대 대도시이다. 이곳에서는 무엇이든 구할 수 있었다. 치유 사원인 아스클레피온은 다마스쿠스 시장에 있었다. 에베소나 페르가몬(버가몬)에 있는 사원보다 규모는 작지만, 아스클레피아에서 훈련받은 당대 최고의 의사들이 있었다. 사제들과 치료사들은 이처럼 많은 로마 병사의 호위를 받으면서 도착한 이 환자를 주목했다. 툴루스가 사제들에게 돈을 건네주었다. 사제들은 아피우스를 들것에 뉘어 치료소로 옮긴 후, 아피우스를 대신해서 제사를 지내겠다고 했다. 치료사들이 아피우스의 옷을 벗겨내고 붕대를 풀자 끔찍한 상처가 드러났다. 시커멓게 곪은 상처를 보고 모두 가망이 없다는 표정을 지었다.

아스클레피우스

그리스와 로마 종교의 신전에서 섬기던 신이다. 아폴로의 아들이며 치유와 회복의 신이다. 아스클레피우스의 딸인 히기에이아와 파나케이아도 치료의 여신이다. 그러나 신들은 이들의 치료범위를 제한했다. 즉 치유는 하되 죽은 자는 살리지 못하게 했다. 전승에 의하면 아스클레피우스는 죽은 자를 살린 죄로 제우스에게 죽임

이미지 3.1 고린도에 있는 아스클레피우스 사원에서 치료를 위한 봉헌제와 기도에 사용된 토기 그릇와 신체 부위 모형

을 당했다고 한다.

아스클레피아 치유소 본원은 그리스의 에피다우르스에 있었고 분원은 지중해 전역에 있었다. 그 가운데 코스 섬에 있던 아스클레피온은 그 유명한 히포크라테스가 의술을 익힌 곳이기도 하다. 치유 사원에 입원한 환자들은 그들을 고쳐줄 신의 환영을 보길 원했다. 치유의식에는 으레 독이 없는 뱀이 등장했다. 특히 뱀이 휘감은 지팡이는 벽화와 부조에 많이 등장한다.(지금도 의과대학에서 의학의 신 아스클레피오스를 상징하는 뱀의 문양을 사용하고 있다.)

"즉시 상처를 절개해야 합니다. 위험부담이 클 것입니다."

주치의는 50대 정도의 남자로 로마 백부상 아피우스를 수술하는데 위험이 따른다는 것을 알고 있었다. 수술을 통해 아피우스가 살아날 수도 있고 죽을 수도 있다.

"만일 환자가 죽는다면 모두 신이 정한 운명입니다."

주치의는 그의 곁에 서 있던 무장한 병사들을 둘러보며 동의를 구했다. 그러나 아무도 수긍하지 않았다. 의사는 칼과 수술 도구들로 가득 찬 가방을 들어 올렸다. 수술 도구들은 오래 사용한 듯 낡아 보였다. 그러나 그것이 오히려 의사에 대한 신뢰감을 느끼게 했다. 이 의사는 절대 초짜가 아니며 지금까지 저 도구로 살린 사람들이 한둘이 아닐 것이라는 확신을 하게 했다.

툴루스는 돌로 된 수술대에 누워 있는 아피우스의 탄탄한 몸을 바라보았다. 의식이 없는 상태라 더 이상 아편을 줄 수 없었다. 사제들은 즉시 의사의 치료에 동참했다. 의사가 수술하는 동안 옆에서 신을 찬양했다. 의사가 화살을 파내기 시작하자 사제들은 향을 피우고 그 위에 성수를 뿌리고 향나무 잎을 흔들었다. 아피우스는 앓는 소리를 내더니 곧 정신을 잃고 조용해졌다. 채 몇 분도 안 되어 몸에 박힌 화살을 제거했다. 그러나 등의 상처는 너무나 끔찍해서 구역질이 날 정도였다. 툴루스는 피로 뒤덮인 환부의 뼈와 찢어진 근육을 볼 수 있었다. 외과의들은 양의 내장으로 상처를 봉합했다. 그러고 나서 그들은 마늘 가루와 함께 싸매고 어깨와 가슴 주위의 상처를 아마포로 감쌌다.

고대 시대의 방혈법

　고대 로마의 의학은 고도로 발달했다. 특히 정교한 수술 기법은 현대 의학의 발달에도 많은 영향을 미쳤다. 마취제 없이도 인체의 거의 모든 부분을 수술했다.

　히포크라테스의 4가지 기질, 즉 다혈질, 우울질, 담즙질, 점액질에 관한 이론을 그대로 받아들였다. 이 네 가지의 균형이 잘 이뤄지면 건강하고 깨지면 병에 걸린다는 것이다. 이 이론에 따르면 열이 나면 혈액이 과열된

이미지 3.2 의료 및 수술 도구

탓이라고 여겨 환자의 피를 뽑아 혈액량을 줄이는 치료법을 사용했다. 여성의 생리 역시 몸의 불순물을 배출하는 것으로 여겼다. 이러한 방혈법은 지난 2천여 년 동안 사용되어오다가 19세기에 이르러 중단되었다.

아피우스의 귀향

"자, 이제 해야 할 조치는 다 했습니다. 환자가 살아나다면 신이 도와주셨기 때문일 겁니다. 상처가 워낙 심해서 환자의 상태가 좋지 않습니다. 아마 다시는 전쟁터로 돌아갈 수 없을 겁니다."

의사는 주변을 둘러보았다. 병사들도 어느 정도 각오는 하고 있었으나, 다시는 전쟁을 치를 수 없을 것이라는 말을 들으리라고는 생각지 못한 듯했다. 파르티아인의 화살 하나가 아피우스에게는 사형 선고와 다름없었다.

"아니, 분명 돌아갈 수 있습니다."

툴루스가 담담한 목소리로 말했다. 그의 말은 탁자에 둘러 앉아있는 병사들의 마음을 대변하는 듯했다.

"아피우스님은 강합니다. 반드시 치유될 겁니다. 시간이 지나면 다 나을 겁니다."

그러나 의사는 이러한 바람에 찬물을 끼얹듯 말했다.

"이것보다 덜한 부상인데도 결과가 좋지 않은 경우를 수없이 봤습니다."

경험이 풍부한 의사는 사람들의 희망에 동조하기보

다는 사실을 말하는 것에 대해 그 누구의 눈치도 보지 않았다.

"죽지 않는다고 해도 몸이 망가져서 팔을 쓸 수 없을 것입니다."

권위 있는 그의 말에 아무도 반박하지 않았다.

툴루스는 생각했다. 두라에서의 일은 실제 전투가 아니었는데. 왜 이런 일이 생겼을까? 왜 신은 우리를 실망시켰을까? 내가 혼자 돌아다니지만 않았다면. 아피우스 님이 무장을 하고 계셨더라면. 그 도시에 가지만 않았더라면.

툴루스는 이 비극을 통해 최근 목격한 일련의 폭력들을 떠올렸다. 라바나에서, 시장에서, 사원에서의 평범한 삶은 이미 사라졌다. 더더구나 군단에서 어떻게 평화로운 일상을 기대할 수 있단 말인가? 군단은 기지에 안주하기 위해 존재하는 것이 아니다. 병사들은 전쟁을 위한 기계일 뿐이다. 이들이 가는 곳엔 언제나 죽음이 뒤따랐다. 인생에 대해 어리석을 만큼 순진했던 툴루스의 생각이 이제 모조리 사라졌다.

아피우스 일행은 한 주간 다마스쿠스의 아스클레피우스 사원에 머물렀다. 아피우스가 완전히 깨어나자 다시 라바나로 향했다. 아피우스는 약에 취해 며칠 동안 의식이 없었다. 이제 의식이 돌아와 눈빛이 잠시 반짝이긴 했으나 얼굴에서 생기가 사라졌디. 아피우스는 죽어가고 있을지 모른다고 툴루스는 생각했다. 아피우스를 태운 마차가 남쪽을 향해 천천히 굴러갔다. 며칠 전까지만 해도 살아있던 사람의 빈껍데기만 싣고 가는 느낌이었다. 이번 싸움의 승자는 파르티아인 군이라고 툴루스는 생각했다. 아니면 그들의 신이 이겼거나. 툴루스는 파르티아군의 잔인성과 관대함, 양면을 모두 보아왔다. 그런데 지금은 잔인성만 보였다.

마차는 라바나의 로마 기지를 돌아 저녁 무렵에나 아피우스의 집에 도착했다. 병사들이 아피우스와 장비를 내리는 동안 군단 의사에게 전령을 보냈다. 가이우스가 제일 먼저 대문에 나타났다. 그는 상황을 즉시 알아챘다. 종들에게 밖으로 나오라고 소리쳤다. 아피우스의 병사들조차 그의 지시를 따랐다.

"무슨 일이 있었는지 말해봐."

가이우스가 툴루스에게 물었다. 툴루스는 아피우스가 누운 들것을 마차에서 내리는 것을 돕기 위해 서 있었다. 툴루스가 가이우스를 구석으로 데려가 말했다.

"두라-유로포스에서 싸우다 화살을 맞았습니다. 다마스쿠스에서 외과 의사가 수술했습니다. 가이우스, 하지만 상태가 워낙 안 좋아서 이전처럼 회복되기는 힘들다고 모두 말합니다."

툴루스는 지쳐있었다. 가이우스로부터 어떤 희망이나 안도감을 찾을 수 있을까 기대하며 그를 바라보았지만 소용없었다.

가이우스가 말했다.

"우리가 할 수 있는 일부터 하자. 일단 아피우스님을 조심조심 안으로 모셔라. 몸도 씻겨드리고 옷도 갈아입혀야겠다. 너도 여행을 오래 해서 그런지 고약한 냄새가 나는구나."

가이우스는 안뜰로 들어서면서 주먹을 입에 넣고 울음을 참고 있는 리비아를 보고 멈추었다. 리비아는 생기라곤 전혀 없이 축 늘어져 누워 있는 아피우스를 보았다. 낯선 병사들이 뜰 안에 가득했으나 그녀는 개의치 않았다. 단지 아피우스가 왜 저 지경이 되었는지 궁금해할 뿐이다. 잔뜩 겁을 집어먹은 그녀의 눈에서 눈물이 멈추지 않았다.

"죽었나요?"

그녀가 간신히 입을 열었다. 그리고 아피우스에게 다가가 차가운 타일 바닥에 무릎을 꿇은 채, 자기 손을 아피우스이 얼굴에 대었다. 죽지는 않았다는 것을 확인했다. 그러나 그 강인하고 용맹스럽던 사람, 그녀가 의지했던 사람이 신음하면서 무력하게 누워 있었다. 어떤 소외감과 두려움이 그녀를 휘감았다. 툴루스가 몸을 구부리고 그녀에게 작은 소리로 말했다.

"의사들은 최선을 다했다고 말합니다. 이제 모든 것이 신의 뜻에 달렸다고 합니다. 그러나 아피우스님은 집으로 오길 원하셨습니다. 지난 3일 동안 혼미한 중에도 계속 당신 이름만 부르셨습니다. 리비아, 아피우스님은 당신을 그리워하셨습니다. 만일 숨을 거두신다고 해도 당신 옆에서 그리하실 것입니다."

리비아는 툴루스의 어깨에 기대어 툴루스와 자신의 처지를 생각하며 울기 시작했다.

"내 인생에는 자비라는 게 없어. 희망이 찾아오는가 싶다가 금세 사라지고 말지. 부당한 일이야. 이제 내 인생은 끝났어!"

툴루스가 그녀를 부축하고 있는 동안 병사들은 가이우스를 따라 만신창이가 된 아피우스를 방으로 옮겼다. 그들은 아피우스를 조심스레 침상으로 옮긴 후 돌아갔다.

"부석(뜬 돌)이랑 뜨거운 물을 가져와. 주인님을 씻겨 드리자. 그리고 올리브유랑 로즈메리도 가져와. 아피우스님이 집에 오신 것을 환영해야지."

가이우스는 석상처럼 미동도 하지 않는 리비아와 툴루스만 남기고 모두 내보냈다. 가이우스는 아피우스의 옷을 벗기고 물과 부석으로 씻긴 후 향이 나는 기름을 바른 후 흰 튜닉을 입혔다. 그러자 아피우스는 잠이 들었다.

다음날 군단 고위 장교들이 아피우스를 방문했다. 그러나 아피우스는 아직 그들을 만날 상태가 아니었다. 말은 해도 목소리에 힘이 없었다. 호민관이 먼저 오고 아피우스를 잘 아는 백부장들이 그 뒤를 이었다. 군단에서 가장 주요한 인물이 저 지경이 되었으니 군단의 향방과 지도자와 관련된 중대한 결정을 내려야만 했다. 전쟁에서 사상자가 발생하는 것은 당연한 일이다. 이것은 모두가 알고 있는 사실이다. 그러나 아피우스처럼 유망하고 많은 사람으로부터 존경을 받는 사람을 잃는 경우는 흔치 않았다.

고대 시대의 목욕

BC 1500년부터 조제 비누(동물 지방과 수지와 안칼리, 가끔 재를 혼합함)를 사용했다. 그러나 개인위생용으로는 거의 사용하지 않았다. 세탁, 피부병용 국소 의약품, 또는 모발 화장품으로 사용했다. 고대인에겐 세균에 대한 개념이 없었다. 로마 시대 후기에 와서야 비누 목욕이 일상화되었고 위생이 건강에 미치는 영향을 알게 되었다. 로마인은 목욕할 때 부드러운 부석이나 모래로 각질을 제거한 후 향유를 발랐다. 각질을 제거할 때는 스크레이퍼라고 불리는 곡선 형태의 금속 도구를 사용했다.

이미지 3.3 몸을 긁거나, 때를 미는 도구 한 쌍

아피우스는 이처럼 오래 침상에 누워 있던 적이 없다. 가이우스는 아피우스에게 필요한 것은 모조리 가져왔다. 리비아가 초조하게 방을 들락거리자 아피우스의 신경이 날카로워졌다. 리비아는 아피우스가 다독거리며 괜찮다고 말해주기를 바랐다. 그러나 아피우스는 한마디도 하지 않았다. 어깨가 욱신거릴 때면 천장을 바라보며 심장 박동 소리를 셌다. 아피우스는 목숨을 건져 다행이라는 생각은 전혀 하지 않았다. 자신이 다쳤다는 사실에 화를 냈다. 병세가 호전될수록 분노도 커졌다. 더더구나 왼손은 전혀 쓸 수 없었다. 움직이긴 해도 미세한 동작은 불가능했다. 심지어 가슴에 팔을 얹을 수도 없었다. 힘을 줄 수도 없었고 억지로 움직이려 하면 매우 고통스러웠다. 그때마다 아피우스의 분노는 쌓여만 갔다.

하루 한 차례 의사는 아편을 투약했고 그로 인해 고통을 잊었다. 아편의 힘을 빌려 기분이 좋아지고 몸의 긴장이 풀렸다. 아편은 그의 고통을 덜어주고 잠을 잘 수 있도록 도왔다. 반면에 가이우스와 리비아를 포함하여 집안 모든 사람을 대하는 그의 태도는 기복이 심해 종잡을 수 없었다.

아편

상처 치료 목적으로 이편을 사용했다. 시간을 거슬러 올라가 바빌론 시대 이전부터 양귀비를 재배한 것으로 추정된다.(열매에 유액을 품고 있는) 양귀비는 환자의 고통을 즉시 덜어주었지만, 그것은 일시적 치유일 뿐이라고 생각하는 사람들이 많았다.

양귀비를 들고 있는 그리스 신상이 많다. 그 이유는 양귀비를 신이 인간에게 준 선물로 여겼기 때문이다. 특히 아폴로와 히포노스(잠의 신), 쌍둥이 형제 타나토스(죽음의 신) 조각상에서 자주 볼 수 있다.

아피우스의 절망

"아편 덕분에 많이 좋아졌습니다."

아침 햇살을 받으며 안뜰에 앉아있는 아피우스에게 의사가 말했다.

"하지만 이젠 그만 복용해야 합니다. 언제까지 이렇게 몽롱한 상태로 살 수는 없습니다. 히포노스 신이 충분히 오랫동안 당신을 돌봤습니다. 이제는 일어나 정상적인 생활을 위해 최선을 다해야 합니다."

아피우스는 의사의 말에 아무런 감흥이 없었다. 그런데 그날은 의사와 함께 선임 호민관이 서서 그를 바라보고 있었다. 그러자 아피우스는 갑자기 소리를 질렀다.

"모두 꺼져! 나는 내가 뭘 원하는지, 내가 무슨 일을 당했는지 알고있어. 내가 낫기 위해 뭘 해야 할지 구구절절 말할 필요가 없다고!"

아피우스가 몸을 일으키려 했지만, 전혀 힘을 쓸 수 없었다. 아편 기운이 아직 남아 있기 때문일 수도 있고 아직 회복이 덜 되어 그럴 수도 있다. 그러나 그런 것들은 별문제가 안 된다. 그는 병사들이 아피우스가 한때 어떤 인물인지 알지도 못할뿐더러 거리를 두고 있음을 알았다. 아피우스는 오랫동안 병사들로부터 큰 존경을 받아왔다. 그런데 지금은 그들로부터 동정심만 느낄 뿐이다. 내면에서 끓어오르는 분노를 제어할 수 없었다.

"군단과 귀관 대대에 대해 생각해 볼 필요가 있소. 아피우스."

그는 주눅이 들긴 했으나 용기를 내어 준비해온 말을 했다.

"귀관의 대대는 이번 주에 풀미나타로부터 귀대했소. 만일 귀관이 복귀하지 못할 경우를 대비해서 백부장들이 이미 논의하기 시작했소."

호민관은 이 말에 아피우스가 화를 내지는 않을까 하여 눈치를 살폈지만, 아무 반응이 없었다. 아피우스는 한마디도 하지 않고 그저 호민관을 바라만 볼 뿐이었다. 아피우스의 영혼은 전에 한 번도 경험해보지 못한 나락으로 떨어졌다.

"그래서 나는 군에서 쓸모없는 존재라는 거로군요."

그는 자신의 나약함을 느끼며 절망에 빠졌다. 그의 옆에는 젊음과 생기가 넘치는 아폴로 조각상이 당당하게 서 있었다. 아피우스의 모습과는 아주 대조적인 모습이었다.

"그런 말이 아니요. 단지 향후를 고려해야 한다는 뜻으로 말한 것뿐이오."

"그러면 갈리카 대대로 복귀해서 황제를 위해 다시 일하겠소."

"아피우스, 그게 가능하다고 생각하시오? 당신은 우리가 보는 앞에서 제대로 설 수도 없을 정도로 약해졌소. 게다가 팔을 보시오. 방패도 들지 못할 텐데. 어떻게 전투를 한다는 말이오? 상황이 변했소. 아피우스."

"누구라도 감히 내 자리를 넘보는 백부장이 있다면 도전하겠소."

"어떻게 도전을 하겠다는 거요? 옷도 혼자 입지 못하잖소. 심지어 갑옷의 무게도 견디지 못하오. 말은 탈 수 있소? 다른 군인들처럼 군장을 메고 창을 던질 수 있겠소? 당신은 할 수 없소."

어조가 강렬해졌다. 아마도 이 말을 여러 번 연습했거나 전에도 이런 말을 해본 듯했다.

로마 군사가 사용한 단검과 방패

글라디우스(칼 모양이 글라디올러스 꽃줄기를 닮아서 붙여진 이름)는 고대 로마 시대의 보병들이 선호한 무기다. 짧은 양날의 검으로, 적과 직접 싸울 때 베고 찌르는 데에 사용했다. 손잡이와 칼자루는 사용자에게 맞게 각자 제작했다. 중앙에 철제 손잡이가 있는 직사각형의 반원통형 방패와 함께 사용했다. 보병은 반원형 방패의 돌

출 부위로 적을 쳐서 중심을 잃게 하고 균형을 되찾으려 할 때 단검을 찔렀다. 로마 자료에 따르면 로마 보병은 단검과 방패 때문에 승승장구했다고 한다.

이미지 3.4. 로마 단검과 칼집

이미지 3.5 로마 방패의 양각

"그렇다면 당신은?"

아피우스는 으르렁거리듯이 말했다.

"군단을 이끌고 행군할 수 있소? 길을 잡는 법도 제대로 모르잖소? 천막이나 보루도 세울 줄도 모르잖소?"

아피우스는 의자 등을 부여잡고 일어섰다. 불안감을 애써 감추면서 호민관을 쏘아보았다.

"나는 이 단검 하나만으로도 당신을 죽일 수 있소."

"입 다물고 그냥 앉으시오. 이건 내가 알고 있는 아피우스가 아니오. 시리아에서 우리 군단을 이끌고 사막을 횡단하며 커다란 영광을 가져다준 사람이 아니오. 아피우스, 그대는 망가졌소. 망가진 게 팔인지 마음인지 두고 봐야 하겠지만. 난 가야겠소. 별도의 지시가 없이는 군단에 돌아올 수 없을 것이오. 의사가 매일 당신을 방문해서 진척이 있는지 우리에게 보고할 것이오."

"나는 쓸모없는 인간이군."

"다시는 절대 단검으로 위협하지 마시오. 오늘 이 일에 대해 입도 뻥긋하지 않겠소. 여기 있는 모든 사람도 그럴 것이오."

호민관은 의사들을 빤히 쳐다보았다.

"아피우스, 당신 몸은 망가졌소. 몸이 나으면 돌아오

시오. 하지만 온전해질 때까지는 절대 돌아올 수 없을 것이오."

의료진과 호민관은 가이우스의 안내를 받으며 대문을 향했다. 대문이 닫히자 아트리움(고대 로마 저택의 안 마당)엔 적막이 감돌았다. 아피우스에게는 이 저택이 안식처라기보다는 감옥처럼 느껴졌다. 모든 것이 그에게서 사라졌다.

아피우스는 얼마 지나지 않아 술을 마시기 시작했다. 자기 연민으로 또 치료를 위해 술을 마셨다. 술에 취하면 어깨 통증도 느끼지 못했다. 그리고 주변 일에 전혀 신경 쓰지 않았다. 가이우스는 그가 원하는 대로 포도주를 가져다주었다. 노예로서 상전의 말을 거역할 수 없었다. 그는 결국 노예일 뿐이었다. 그가 한 때 주인에게서 존중받고 영예를 누렸지만, 이제 그것도 날이 갈수록 사라져 가는 듯했다. 그가 얼마나 많은 포도주를 사 가는지 시장에도 소문이 파다했다. 그리고 가이우스의 친구들은 주인 아피우스와 그집 식솔들을 측은히 여기기 시작했다.

아피우스를 성가시게 할 사람이 나타날 때면 리비아와 툴루스가 함께 가로막았다. 어느 늦은 아침 아피우

스는 식당 안 긴 방석에 기대어 누워 있었다. 이러한 모
습이 그의 일상이 되었다. 위대한 전사는 분노와 몽롱
함에 침식당하여 자신이 만든 감옥에 깊히 닐로 쪼ㄴ
라들어 가고 있었다.

이미지. 3.6 당시 로마 시대 여인들의 의상을 보여주는 조각상

좌천된 아피우스

"아피우스, 의사가 곧 올 거예요."

리비아는 두라-유로포스 사건이 있기 몇 주 전까지만 해도 두 사람이 누리던 정을 그리워했다. 이제 그 연인은 사라지고 그녀 앞에는 망가진 환자만 있을 뿐이었다. 아피우스에 대한 그녀의 애정도 점차 사그라드는 것을 느꼈다.

"의료진이 올 텐데, 이런 모습을 보일 수는 없잖아요."

리비아는 바닥에 방석을 깔고 앉았다. 그녀는 낡은 리넨 튜닉을 입고 지냈다. 옷감이 해지고 색도 바랬다. 거울을 볼 때마다 거울에 비친 모습이 낯설었다. 아피우스는 리비아까지도 자신의 어둠 속으로 끌어들였다.

툴루스는 방을 청소하다가 무슨 말이 오가는지 듣기 위해 멈췄다. 리비아가 늘 하는 말이었고 아피우스는 들은 척도 안 했다. 그러나 이날만은 다른 모습을 보여야 했다.

"이런 모습이 호민관의 귀에 들어갈 거예요. 그러면 군단도 더 이상 당신에게 관심을 두지 않을 거예요. 아피우스, 내 말을 들어야 해요. 군단을 떠나면 당신은 어떻게 될까요? 또 이 집에 딸린 식솔들은요? 이 집안은 끝장날 거예요. 당신도 마찬가지고요."

리비아의 말에는 사랑보다도 절박함이 묻어 있었다. 아피우스도 이를 감지했다.

"그러니까 나는 이제 사람도 아니라는 소리냐?"

아피우스가 혀 꼬부라진 소리로 물었다.

"신이 내 힘을 앗아갔고 그것도 모자라서 내 삶까지 빼앗아 갔어."

아피우스는 그녀를 빤히 쳐다보았다. 리비아를 향해 말은 하고 있지만 감정이라곤 전혀 없어 보였다.

"내 인생은 이미 망했어. 이젠 더 망할 것도 없지. 이런 꼬락서니로 내가 뭘 할 수 있겠어. 내 인생은 끝장이 났다고."

"그래도 최소한 숨은 쉬고 있잖아요? 이렇게 바닥에 누워 있다시피 하지만 말이에요. 이렇게 짐승처럼 살면서 뭘 바란다는 거예요? 이 술이 당신 자신과 우리에게서 당신을 빼앗아 갔어요."

"내겐 술밖에 없어."

"당신에겐 제가 있어요. 우리가 있다고요."

우리라는 말을 하면서 툴루스를 쳐다보았다. 리비아

는 아피우스를 향해 오랫동안 간직했던 깊은 애정을 되살리려고 애썼다.

"아피우스, 제 말 똑똑히 들으세요. 저는 절대 당신을 포기하지 않을 거예요! 당신이 나을 때까지 당신 곁에 끝까지 있을 거예요."

가이우스가 들어서자 리비아는 입을 다물었다. 가이우스는 군단 의료진과 선임 호민관이 도착했다고 말했다. 아피우스를 안쓰럽게 대하던 가이우스의 태도가 차갑고 사무적으로 변해 있었다. 툴루스는 곧 벌어질 살벌한 상황을 예감하고 구석으로 조용히 물러섰다. 아피우스는 여전히 긴 방석에 기대 누워 있고 리비아는 그 곁에 있었다. 아피우스와 그의 옷에서는 악취가 났다. 의관을 정비한 의료진과 호민관이 들어섰다. 번쩍이는 가죽, 흰색과 빨간색이 어우러진 리넨, 청동으로 장식된 군복을 입은 이들과 널브러진 채 있는 아피우스는 아주 대조적인 모습이었다.

아피우스는 일어서거나 앉을 생각도 하지 않았다. 리비아는 즉시 일어나 그들에게서 좀 떨어져 있었다. 구석에 숨어 있는 툴루스를 발견하고는 얼른 그의 옆으로 자리를 옮겼다. 자리를 피해야 마땅했지만, 그럴 틈이 없었다.

"수석 백부장, 어떻게 지내셨소?"

호민관이 냉정하고 사무적인 목소리로 물었다.

"보시는 바와 같소."

아피우스는 기대었던 팔을 거두고 일어나 앉았다. 어느 정도 진정된 모습이었다.

"의사 말이 맞소. 내 팔은 이제 아무짝에도 쓸모없게 되었소. 더 이상 전투를 할 수 없소."

그는 다친 왼팔을 가슴께로 가져갔다가 툭 떨구었다.

"숟가락 정도야 들겠지만 검은 무리요. 완전 결딴이 났소."

호민관은 좀 더 가까이 다가가서 무릎을 꿇고 천천히 그에게 말했다.

"아피우스, 우리가 한두 해 알아 온 사이 아니잖소. 당신 덕분에 우리 군단은 오랫동안 무사할 수 있었고 영예도 얻었소. 이 점에 대해 감사하게 생각하오. 당신이 강했기에 우리도 강할 수 있었소."

호민관은 아피우스의 어깨에 손을 얹었다. 순간 아피우스는 호민관이 자신이 듣고 싶지 않은 어떤 말을 하리라는 것을 알아채고 몸을 일으켰다.

"선임 호민관끼리 의논했소. 그리고 결론을 내렸소. 내가 대표로서 그 내용을 전하는 거요."

침묵이 흘렀다.

"당신 대대의 수석 보좌관인 실리시아(길리기아)의 안드로니쿠스를 수석 백부장으로 임명했소. 당신이 그를 신임한다는 것을 잘 알고 있기에, 군단은 그가 힘을 내주길 기대하고 있소."

호민관은 뒤집혀 진 잔을 들어 뭐가 들었는지 냄새를 맡고 아피우스 옆에 똑바로 내려놨다. 조심스레 아피우스의 안색을 살폈다.

"그러면 나는 어떻게 되는 거요?"

아피우스가 분노를 삼키면서 물었다. 그는 이러한 순간이 오리라는 것을 알고 있었다.

"해안가 가이사랴의 유대 총독과 의논했소. 당신이 누군지, 어떤 임무를 수행했는지 심사숙고하라고 닦달했소. 갈리카 군단을 오랫동안 존중하였기에 우리 말을 들어 주었소. 가이사랴에 있는 자기 거주지로 오면 환영한다고 하오."

"가이사랴?"

"갈리카는 최전방 군단이오, 아피우스. 우리는 진군하

고 싸우고 정찰하오. 당신도 이를 잘 알 거요. 가이사랴 지역을 다스리는 데 도움을 줄 수 있는 경험이 풍부한 인물이 필요하오. 그쪽에서는 한 달 내 당신이 와주기를 바라고 있소."

"이 방법밖엔 없는 거요?"

"다른 방법이 있지만 그것은 군을 떠나는 것이오. 하지만 이것은 권하고 싶지 않소. 식솔과 함께 이곳을 떠나더라도 갈리카는 항상 당신 군단인 것을 기억해주면 좋겠소. 우리와 헤어지더라도 황제와 갈리카를 위해 봉사하기를 기대하오."

호민관은 좀 더 가까이 다가섰다.

"아피우스, 몰골이 형편없구려. 당신 자신도 상상할 수 없을 정도로 말이오."

그는 빈 잔을 바라보며 말했다.

"비록 몸이 망가졌다고 해도 다시 시작할 필요가 있소. 가이사랴로 가시오. 여기 추천서가 있으니 받으시오."

그는 아피우스에게 갈리카의 밀랍 도장으로 봉인이 된 두루마리 하나를 주었다.

"필요한 모든 마차와 호위는 우리가 준비할 거요. 이

미 당신 대대 병사들은 가이사랴로 가는 당신을 전송하기 위해 당신과 함께 타고 가겠다고 우기고 있소."

아피우스는 그렇게 하는 편이 좋을 거라는 뜻으로 고개를 끄덕이는 호민관과 의료진을 바라보았다. 숨을 죽인 채 숨어 있는 리비아도 힐끗 쳐다보았다. 모두가 수락하기를 바라는 눈치였다. 툴루스는 아피우스가 수락할 거라는 것을 알았다.

"그렇다면 가겠소."

아피우스는 일어나 앉았다. 다친 이후로는 볼 수 없었던 단호한 모습으로 당당하게 일어섰다.

"주말에 출발하겠소."

라바나에서 가이사랴로

아피우스는 마지막으로 갈리카 대대 앞에 섰다. 병사들은 가장 멋진 군복을 입고 계급에 따라 대열을 갖추었다. 수십 명의 전 군단 백부장들도 참석했다. 신임 수석 백부장 안드로니쿠스는 수석 백부장의 자리를 아피우스에게 내어주고 다른 군단병과 같이 섰다. 이날 아침, 아피우스는 갈리카 군단의 수석 백부장으로서 섰고 대대원들은 모두 그에게 경의를 표했다. 호민관이 대대 앞에서 연설했고 한 주 전에 내린 결정을 알렸다. 이미 병사들은 소문으로 알고 있는 내용이었다. 아피우스가 귀대하지 않을 것이라는 사실에 새삼 놀라는 병사는 아무도 없었다.

"아피우스는 늘 우리와 함께 할 것이다. 아피우스는 유대로 가서 총독을 부좌하면서 갈리카의 영예를 드높일 것이다. 이제 갈리카 대대는 실리시아의 안드로니쿠스가 이끌 것이다. 오늘날의 안드로니쿠스는 아피우스가 만들었다는 사실을 모두 알 것이다."

이 말에 모든 병사가 그 말에 동의한다는 뜻으로 고개를 끄덕였다. 그리고 검과 방패를 부딪쳐 소리를 냈다. 동시에 병사들의 시선이 안드로니쿠스에게 향했다.

"수석 백부장 아탈리아의 아피우스!"

아피우스는 두라-유로포스 출정 이후 처음으로 군복을 차려입었다. 가이우스는 군복을 정비했고 툴루스는 입는 것을 도왔다. 툴루스가 아피우스의 다친 팔을 건드릴세라 조심을 하는 것을 보고 아피우스는 괜찮으니까 늘 하던 대로 하라고 말했다. 아피우스는 병사들에 대해서 잘 알고 있다. 그들과 함께 수년간 행군하고 야영하고 수많은 전투를 치렀다. 다른 백부장들과는 20여 년을 친구로 지냈다. 그들에겐 긴 세월을 함께한 사람들만이 느낄 수 있는 유대감이 있었다. 툴루스는 대열 끝에서 이들을 지켜보면서 부러움을 느꼈다. 이들은 서로 신뢰하고 같은 목적을 위해 목숨을 건다. 각자의 위치에서 연대감을 잃지 않는다. 아피우스의 고별사가 시작되었다.

갈리카 형제들이여. 이제 헤어질 때가 됐다. 나는 제군들을 위해 신에게 제사를 지냈다. 지금까지 그리했듯이 앞으로도 승승장구하게 해달라고 아폴로 신에게 기도했다. 갈리카가 강한 이유는 제군들이 죽음을 두려워하지 않고 명예를 사랑하기 때문이다. 정복을 못 할 바에 차라리 죽는 게 낫다고 생각하기에 강하다. 생명보다 명예를 더 사랑하기 때문이다. 따라서 신은 제군들에게 명예를 안겨줄 것이다. 싸움은 담대하게, 훈련은 철저하게 하라. 지혜가 있는 병사라면 평화 시에도 전투를 준비해야 한다. 훈련에 어떻게 임하느냐에 따라 승리가 결정된다.

자신을 이긴 자만이 승리할 수 있다고 어느 시인이 말했다. 무장에 앞서 마음을 단련하라. 칼을 벼르기 전에 열정을 지피라. 검을 소중히 여기면 검이 제군을 보호할 것이다. 백부장을 신뢰하라. 그에게는 제군들을 승리로 이끌 지혜가 있다.

이제 나는 가이사랴로 떠난다. 그러니 결고 제군들을 잊지 않겠다. 무엇보다 다마스쿠스와 펠라에서의 승리를 잊을 수 없다. 에메사 부족을 평정한 것도 잊을 수 없다. 두라의 풀미나타 군단과 수석 백부장 알부스를 파르티아군으로부터 구해내고 승전고를 울린 것도 잊을 수 없다. 파르티아군이 두려워한 것은 단지 로마군이 아니다. 로마군 가운데서도 우리 갈리카 군대를 두려워한다. 앞으로도 마찬가지일 것이다.

아피우스가 잠시 말을 멈추자, 군단 병사들은 다시금 우렁찬 함성을 지르며 검과 방패를 두드렸다. 아피우스가 말을 이었다.

고매한 율리우스 카이사르가 제군들을 지원하고 있다는 것을 기억하라. 하늘에서 갈리카를 지켜보는 그에겐 축복과 저주의 권한이 있다. 갈리카여, 별을 바라보라. 저 별들은 우리를 지켜보는 신이다. 신이 우리의 승리를 기뻐할 것이다. 신들이 우리를 야만족으로부터 보호할 것이다. 우리를 강하게 할 것이다. 신들이 없다면 우리는 아무것도 아니다.

이제 작별을 고한다. 나는 다쳤지만 끄떡없다. 파르티아 병사의 화살에 팔 하나를 잃었지만, 두렵지 않다. 로마인은 한 팔로도 무수한 파르티아인의 검을 물리칠 수 있다는 것을 기억하라. 파르티아군을 또 만나게 된다면 두라에서 내가 미처 갚아주지 못한 것을 제군들이 대신 돌려주라. 그들을 박살을 내서 내 명예를 회복시켜 주길 바란다.

제군들에게 평화가 함께 하기를.

아피우스는 호민관들과 광장에 모여있는 백부장들에게 고개를 끄덕여 예를 표했다. 그리고 단검을 빼 높이 올렸다. 그러자 병사들도 모두 단검을 들어 올렸다. 단검을 다시 칼집에 꽂은 아피우스는 자리에서 물러났다. 툴루스는 즉시 그를 따라갈까 하다가 수석 백부장이 홀로, 조용히, 그리고 품위 있게 요새를 나가도록 가만히 기다렸다.

로마인의 명예와 수치

로마 사회에서 고별 연설은 연설이 한 장르였다. 아피우스의 연설은 그 당시 유행하던 연설문을 짜깁기한 것이다. 그가 명예란 단어를 몇 번이나 말했는지 주목하라.

로마 사회(당대 다른 나라도 마찬가지였음.)에서는 명예를 잃느냐, 유지하느냐, 쌓느냐를 아주 중요하게 여겼다. 개인은 물론 가족공동체의 명예(가족, 집단 - 아피우스에겐 군단)를 중요시했다. 한 개인의 명예는 그가 속한 공동체의 명예와 맥을 같이 했다. 따라서 한 개인이 공동체에 명예를 안길 수도 있고 수치를 안길 수도 있다.

명예는 마치 은행 잔고과 같다. 현대에 많은 사람이 사용하는 체크카드는 통장 잔액만큼 사용할 수 있다. 사용한 만큼 잔액이 줄어든다. 파르티아 병사에게 어이없이 당한 아피우스는 부상으로 인해 그동안 쌓아놓은 명예가 줄어들었다. 이제 군단이 빠져나간 만큼 복수를 통해서 명예를 채워 넣어야 한다. 그리하면 갈리카 군단은 물론 아피우스의 명예가 회복될 것이다. 또한 아피우

스의 이름으로 파르티아 궁수에게 복수하는 사람은 그
누구보다도 큰 명예를 쌓게 될 것이다.

다음 날 새벽, 아피우스 집 밖에는 4대의 짐마차가 서 있었다. 아피우스의 개인 경호병들에겐 가이사랴까지 아피우스를 호위할 수 있는 특권이 주어졌다. 경호병들은 밀끔하게 단장한 아피우스의 말을 끌고 왔다. 날이 밝아오자 아피우스의 가속 노예 6명이 맨 끝 마차에 올랐다. 그리고 소규모의 아피우스 일행은 서쪽으로 이동했다.

이들은 시리아의 고지대를 내려와 유대 갈릴리 지역을 횡단했다. 인근에 숲이 우거진, 바다라고 불릴 정도로 큰 디베랴 호수가 있었다. 그러나 그들은 지체하는 것을 원치 않았기에 세포리스에서 하룻밤을 묵은 후 서

이미지 4.1 가이사랴 마리티마 송수로 유적

쪽으로 계속 이동했다. 이어 남쪽 산지를 통과했다. 이제 2시간 정도만 더 가면 가이사랴에 도착할 터였다. 아피우스 일행의 이동 속도는 느렸다. 가이우스는 리비아와 함께 맨 앞 노새가 끄는 마차에 타고 있었다. 아피우스는 말을 타고 경호병 두 병과 함께 낯선 지역의 지리를 살폈다. 아피우스의 새로운 거처가 될 곳이다. 장차 아피우스는 이곳에서 평생 이해할 수 없고 잊을 수 없는 경험을 하게 될 것이다. 잠시 후 그들은 북부 산지로부터 가이사랴로 내려오는 수로를 보았다. 수로를 따라가니 곧 그들의 목적지가 나타났다.

가이사랴 마리티마

BC 63년, 로마는 유대 지역을 정복했다. 그리고 속주(고대 로마의 가장 큰 행정단위)에 편입했다. 그리고 황제가 개인적으로 관심을 두고 있던 지역들은 반란이 일어나지 않는 한 자치권을 인정했다. 즉 유대인 통치자가 다스렸고 나름 많은 자유를 누렸다. 만일 갈등이 생기면 로마군단을 파견하여 진압했다. AD 66년, 유대 지역에서 반란이 일어났을 때에 로마는 이 방법을 사용했다.

유대의 초대 왕은 헤롯 대왕으로 기원전 37년부터 기원전 4년까지 통치했다. 그의 목표 가운데 하나는 유대

이미지 4.2 가이사랴 마리티마에 있는 경기장

를 로마의 가장 멋진 속주로 만드는 것이었다. 이를 위해 그는 엄청난 예산을 투입하여 도시 건물뿐만 아니라 예루살렘 성전 재건 등 호화롭고 방대한 건축사업을 추진했다.

스트라토의 등대가 있던 지중해 연안의 작은 항구도시를 심해 항구로 바꾸었다. 또 수경성 시멘트(화산회와 석회석으로 만듦)의 등장으로 바닷물 속에도 건설이 가능했다.

이 항구는 아테네에 있는 항구보다 컸다. 이에 따라 대형선박들이 정박하게 되었고 인근 속주와의 교역도 활발해졌다. 요세푸스는 이 항구가 상징하는 것과 항구를 건설한 헤롯의 야심에 대해 기록했다. 헤롯이 바라던 대로 전에는 별 볼 일 없는 변방 지역에 불과했던 유대 지역이 항구가 생긴 이후 주목받기 시작했다.

배가 항구에 들어설 때, 제일 먼저 눈에 띄는 것은 언덕 위에 자리 잡은 거대한 아우구스투스 사원이다. 아우구스투스 사원의 기초, 부두(또는 교각), 극장(3,500석)과 경마장이나 경주장이 유적으로 발견됐다. 공공건물과 교각의 일부만 남아있으나 이것들을 통해 1세기경 이 도시의 발전상과 역할을 가늠할 수 있다.

따분한 생활에 지친 아피우스

툴루스는 가이사랴에 대해 알지 못한다. 갈리가에서 듣기로는 유명한 항구도시로 보급품과 군대를 실은 많은 배들이 서쪽 바다를 건너 이곳에 정박한다고 했다. 막상 눈으로 본 가이사랴는 툴루스가 상상도 못한 미지의 세계였다. 건축의 천재로 불리던 헤롯이 지은 하얀 로마식 석조 건물들이 햇빛 속에서 빛났다. 지중해 전역에서 몰려온 상인들로 시장은 북적거렸다. 언어도 다르고 의상도 달랐다. 사원은 화려하기 그지없었고 관공서에는 로마 사무관들이 진을 치고 있었다.

툴루스는 마레 노스트룸(라틴어로 "우리들의 바다"라는 뜻이며 고대 로마인들이 지중해를 일컫던 이름이다.)을 보았다. 항구도시의 전경은 그야말로 장관이었다. 툴루스의 눈에 정박해 있는 3척의 배가 보였다. 2척은 전투함이고 1척은 먼 곳에서 물건을 싣고 온 화물선이었다. 툴루스는 로마인들이 왜 지중해를 우리들의 바다로 부르는지 알 것 같았다.

가이사랴에 거주하는 로마인들은 로마 병사들과는 분위기가 사뭇 달랐다. 고상하고 지적이며 권력을 장악하고 있는 부류였다. 그들의 의상은 어찌나 화려했던지 보는 이들의 감탄을 자아냈다. 가이사랴는 한 마디로 로마와 맥을 같이 하는 부와 권력의 도시였다. 도시 안으로 들어갈수록 툴루스는 주눅이 들었다. 이들은 갈리카 군단 머리 위에 앉아 다스리는 지배계층이었다. 항구 인근에는 군단 전초 기지의 막사가 있었다. 아피우스가 말에서 내려 본부로 들어가자 가이우스, 리비아와 툴루스는 마차 근처에 서서 바다를 바라보았다. 자그마한 어촌이 심해 항구도시로 거듭나면서 가이사랴 마리티마(바다 위의 가이사랴)로 불리게 되었다. 이름에 걸맞은 정경이었다. 바다로 이어지는 아치 모양의 부두, 장대한 로마 선박이 한눈에 들어왔다. 멋진 군복 차림을 한 로마 병들은 희뿌연 화강암 단 위에 설치된 태피스트리 밑에 서서 사막의 열기를 피하고 있었다. 부두에는 화물선에서 내린 큼지막한 짐들이 마차에 실리고 있었다.

항구 어귀에서 가장 먼저 눈에 들어오는 것은 아우구스투스 사원이다. 항구를 마주한 아우구스투스 사원에는 황제 아우구스투스의 조각상이 서 있었다. 완전 무장을 하고 두 마리의 말이 끄는 마차에 올라 서 있는 아우구스투스 상은 실물 크기의 두 배 정도로 완벽했다.

헤롯은 이 도시를 아우구스투스에게 헌정했다. 따라서 이 항구는 세계를 지배하고 있는 로마 제국의 것이다. 아피우스가 본부에서 나와 마차가 있는 쪽으로 향하는 것이 보였다. 마차는 다시 출발했다. 도시 외곽엔 자주 사용하지는 않으나 잘 손질되고 보호된 목조 요새가 있었다. 가이우스와 경호병이 마차를 그 작은 초소까지 이끌었다. 머물 곳이 마련될 때까지 이곳에서 임시로 짐을 풀기로 했다. 모두가 지내기에 공간은 충분했다. 아피우스는 요새 안에 있는 방에 머물기로 했다. 아피우스를 도울 한 사람만 빼고 나머지 사람들은 보병들과 함께 군 막사에 거하기로 했다. 툴루스가 아피우스 시중을 들었다.

아피우스가 지역 행정관들과 만날 때마다 툴루스가 동행했다. 그들은 우선 지역 토착민들에 대해 아는 것이 중요하다고 아피우스에게 말했다. 가이사랴엔 여러 부족이 거주했으나 유대인이 가장 많았기 때문에 유대 지역으로 불리었다. 유대인들은 로마를 위해 세워진 가이사랴엔 별 관심이 없었다. 그러나 예루살렘만은 목숨을 걸고라도 보호하려고 했다. 이따금 봉기가 일어났다. 그 때마다 상황을 자세히 살펴보기 위한 장소가 필요했다.

그래서 로마인들은 예루살렘에 있는 유대 성전이 내려다보이는 오래된 요새를 새로 단장했다. 로마 병사들은 일정 간격으로 성 안팎을 돌면서 반역이나 봉기의 낌새가 있는지 살폈다.

그 어떤 것도 아피우스의 관심을 끌지 못했다. 유대인은 시리아 전역에 살고 있었다. 라바나에도 유대인 공동체가 있고 주말 집회 장소로 사용되는 집들이 있었다. 유대인은 소수민족 가운데 가장 수가 많았다. 사소한 것을 방치하면 큰 문제로 번질 수 있으니 긴장을 늦추지 말라고 조언자들이 아피우스에게 말했다. 로마 제국 변방에 있는 이 지역엔 늘 위험이 도사리고 있었다. 그래서 로마는 시리아 지역은 수천 명의 용병으로 강압 정책을 펴지만, 유대 지역은 유화 정책을 펼쳤다. 그러나 언제라도 전쟁이 불가피한 상황이 오면 로마 제국은 이들에게 허용한 자유를 거둬들여야 할 것이다.

유대 지방

유대는 로마 황제가 다스리는 지역이었다. 그러나 유대인 헤롯을 지도자로 세워 효율적인 통치를 꾀했다. 그러나 헤롯의 아들들은 로마에 대한 충성도나 통치 능력에 있어서 아버지에 미치지 못했다

헤롯 안티파스(헤롯 안디바)와 갈릴리 헤롯 필립은 그나마 성공적으로 북쪽 지방을 다스렸지만, 또 다른 아들 아르켈라우스는 남쪽 지역을 다스렸으나 통치에 실패했다. AD 6년, 로마는 그를 폐위시키고 대신 로마 총독을 세웠다.

헤롯 안티파스는 예수의 고향인 갈릴리 서부 지역을 통치했다. 예수가 활동하던 때의 로마 황제는 티베리우스였다. 로마 총독은 예루살렘이 있는 유대 중심 지역을 통치했다. 총독은 가이사랴에 오랫동안 머물렀고 예루살렘으로 가서 유대인 지도자를 이따금 만났다. 헤롯 대왕의 궁(현대 자파 성문의 바로 남쪽)이나 성전 북서쪽에 지어진 안토니아 요새에 머물렀다.

훗날 예수의 고난에 동참하기를 원했던 순례자들이 만들고 지금은 성지순례의 명소가 된 비아 돌로로사(*

빌라도 법정에서 골고다 언덕에 이르는 예수의 십자가 수난의 길을 14개 지점으로 나누어 만듦.)가 있는 시온 수녀원에는 예수가 걸으셨다는 돌바닥이 보존되어 있다.

AD 66년에 유대 전쟁이 발발할 때까지 유대는 로마의 통치 아래 있었다. 전쟁이 한창 진행 중이던 AD 70년, 로마 군대는 예루살렘을 약탈하고 불태웠다.

툴루스와 아피우스는 할 일이 없어 빈둥거렸다. 아피우스는 늘 명령 대기상태의 군인이었다. 갈리카 병사들은 언제라도 명령이 떨어지면 특정 지역으로 파견되어 자부심을 느끼고 임무를 수행했다. 아피우스는 자신에게 명령이 내려지기를 고대했다.

가이사랴에는 오락거리가 많았다. 로마 제국 동쪽 변방인 이 지역에서는 각종 검투 시합이 진행되었다. 관객들은 원형극장(콜로세움)에서 극적인 경기를 즐겼다. 저 멀리 드넓은 바다를 전망으로 차양이 드려진 관객석에 앉아 가수의 노래와 배우의 연기를 즐겼다. 새로 지은 남쪽 경마장에서는 마차 경기가 한창이었다. 관중은 환호하고 노련한 기수들은 돈을 벌기 위해 치열하게 경주에 임했다. 시장은 또 어떠한가? 에티오피아의 노예에서부터 스페인산 보석과 인도상 향신료에 이르기까지 모든 것을 살 수 있었다. 툴루스는 나날이 도시에 익숙해져 갔으나 여전히 새로운 것들이 그의 두 눈을 사로잡았다.

아피우스는 비아 로마나, 즉 로마인의 삶의 방식을 툴루스에게 보여주는 것을 즐거워했다. 비아 로마나에는 로마의 윤리, 미덕, 철학, 명예와 힘이 다 들어 있었다.

이곳 로마인들의 생활은 툴루스가 어릴 적 시골 생활과는 비교도 안 될 만큼 아름답고 조직적이고 강하고 극적이었다. 에메사에 살았을 때도 해도 툴루스는 로마인들에 대하여 어느 정도 알고 있다고 생각했다. 그러나 지금은 아는 것이 없다는 생각만 들었다. 그것은 가이사랴에 있는 로마인들은 로마 제국의 모든 면을 드러내고 있으며 이들을 보면 로마가 세계를 제패할만하다는 생각이 들었다.

비아 로마나

어느 날 오후 아피우스는 전엔 보지 못했던 활기찬 모습으로 툴루스에게 다가왔다. 툴루스는 의아해하면서도 아피우스가 예전 모습으로 돌아왔나보다 생각했다.

"성 밖 경기장에 가 보자."

"경기장이요? 왜요? 극장에도 가 보고 원형경기장, 경마장도 다 가 보셨잖아요?"

"이번 경기는 네가 한 번도 본 적이 없을 거다. 나도 오랫동안 보지 못했거든. 바다 건너 검투사가 왔다더라. 카르타고 출신들인데 알렉산드리아에서 막 도착했다더구나. 사람들 말이 로마에는 그들을 이길 검투사가 없다더라."

툴루스는 어느새 가이사랴 외곽으로 향히는 인파에 휩싸였디. 툴루스는 아피우스와 함께 경기를 관람했다. 천막 경기장 안에는 흥분한 관중들이 빼곡했다. 아피우스는 두 사람 몫으로 큰돈을 내고 제일 좋은 좌석을 차지했다. 타원형 링을 훤히 내려다 볼 수 있는 자리였다. 그들 좌우에는 로마 귀족과 고관들이 있었다. 얼핏 보니 그들 가운데 총독인듯한 인물도 끼어 있는 것 같았다. 붐비는 군중과 먹을 것과 기념품을 파는 행상들로 경기장은 북새통을 이루었다. 어린아이들은 나무로 된 장난감 검을 들고 이리저리 뛰어다녔다.

갑자기 경기장 끝에 앉은 고수들이 빠른 속도로 북을 두드리자 긴장감이 흘렀고 군중은 잠잠해졌다. 나팔수들이 나팔을 불자 관객은 객석과 경기장을 구분 짓는 견고한 울타리 뒤로 물러났다. 검을 든 안전 요원들이 15m 간격으로 섰다. 경기장으로 이어지는 객석 사이 출입구 문이 열리며 두 사람이 나타났다. 덩치가 아주 컸다. 그들은 로마군 제복을 입지 않았지만, 들고 있는 무기는 툴루스가 군단에서 봤던 것과 같았다. 단검과 칼,

그리고 작고 둥근 방패. 환호하는 군중에게 손을 흔들며 답례하고 마치 거추장스럽다는 듯이 방패를 바닥에 내던졌다. 북이 다시 울렸고 객석은 잠잠해졌다.

노예 6명이 칼만 들고 경기장으로 들어왔다. 이들은 검투사 둘레를 빙빙 돌며 공격의 틈을 노렸다. 그러나 검투사들은 놀라운 기술을 구사하면서 순식간에 이들을 베버렸다. 순간 선혈이 낭자했다. 툴루스는 이러한 유혈 경기를 한 번도 본 적이 없었다. 순식간에 나가떨어진 6명의 노예를 보고는 토할 뻔했다. 곧 마차가 모래판 경기장 안으로 들어오더니 나동그라진 시체를 마구잡이로 싣고 움직였다. 시체가 놓인 마차 바닥에서 피가 줄줄 새어 나왔다.

유혈 경기

건투사 경기는 BC 150년~200년 그리스 시대에 등장했다. 처음엔 통치자는 자신을 지원해 준 도시에 감사를 표하고 앞으로도 지속적인 관심을 부탁하는 의미에서 제공한 볼거리였다. 로마의 기량을 과시하기 위해 전투에 능한 검투사들이 노예나 동물을 상대로 싸우는 것을 보여주었다. 때로는 전투를 재현하면서 로마의 승리를 축하하기도 했다.

이미지 4.3 두 명의 여 검투사, 아마존과 아킬리아

갈수록 싸움의 기술이 정교해졌다. 유혈 경기에 능한 검투사는 큰 명성과 부를 얻었다. 검투시합 관람료는 매우 비쌌다. 생명을 걸고 싸우는 노예나 맹수의 값이 아주 비쌌기 때문이다. 경기장에서 여 검투사를 보는 것은 흔치 않았으나, 운이 좋으면 이따금 볼 수 있었다.

역사가 스에토니아는 도미티아누스 황제와 관객을 이렇게 묘사했다.

"도미티아누스는 콜로세움과 원형경기장에서 여러 가지 기발한 경기를 선보였다. 2마리의 말이 끄는 전차 경주나 보병, 기병의 전투 외에 원형경기장에 물을 채워 모의 해전을 연출하는가 하면 야생동물 사냥, 또는 횃불 아래서의 여성 검투사들의 경기가 펼쳐지기도 했다."

(C. 수에토니우스 트란퀼리우스가 저술한 "12명의 카이사르"에서 도미티아누스 편에 실린 글.)

군중은 일어나 환호성을 질렀다. 검투사들은 답례로 피 묻은 검투용 검을 하늘 높이 쳐들었다. 그러자 북이 다시 울리기 시작했다. 곧이어 무장한 야만인 노예 2명이 들어왔는데 만만치 않아 보였다. 툴루스는 혹시 그 노예들이 파르티아인일지도 모른다고 생각했지만 확인할 수는 없었다. 그 노예들이 전혀 주눅 들지 않고 당당하게 검투사들에게 다가가자 검투사들은 재빨리 방패를 들었다. 이제야 싸움다운 싸움이 시작될 것이고 군중들 역시 이러한 사실을 알고 있었다. 이번에는 누가 이길지 아무도 알지 못했다. 툴루스 주변의 관객들이 소리를 질렀다. 경기장 안엔 모래 먼지가 일어 누가 승자인지 패자인지 알아채기 힘들었다. 숨을 몰아쉬는 관객들 사이에서 툴루스는 검투사의 검에 찔려 뒤로 넘어지는 노예의 모습을 보았다. 검투사는 그를 밀쳐내고 곧 다른 노예를 일격에 해치웠다. 다시금 로마인의 승리로 끝을 맺었다.

툴루스는 이어지는 결투를 지켜보았다. 이번에는 검투사와 곰의 싸움이었다. 칼에 찔린 곰은 쉽게 쓰러지지 않았다. 마침내 검투사의 무기가 급소를 찌르자 그제야 곰은 앞발로 허공을 가르다가 모랫바닥에 쓰러졌다. 갈수록 경기는 박진감이 넘쳤다. 5명의 스키타이 기병이 장검을 휘두르며 당당하게 경기장에 들어섰다. 멋진 말을 탄 스키타이 기병 전투는 유명했다. 이들은 누가 감히 그들을 이기겠느냐는 식으로 웃음 지으며 득의만만했다. 누구라도 여차하면 단번에 처치할 태세로 말을 몰았다. 그러나 그들이 공격을 채 하기도 전에 궁수들이 쏜 화살이 먼저 말과 기병에게 꽂혔다. 말과 기병은 함께 쓰러졌고 또다시 로마인 검투사가 승리했다. 툴루스는 그들에게서 눈을 돌리며 생각했다.

'이것이 로마인가? 나는 아피우스와 그의 나라 로마에 대해 뭘 안단 말인가?'

경기장은 벌겋게 피로 물들었고 죽은 사람들은 마차에 실렸다. 천천히, 그리고 점점 빠르게 북소리가 울리면서 다음 경기 시작을 알렸다. 이보다 더욱 흥미진진한 경기가 남아 있으려나? 관객들은 숨을 숙이고 기대했다.

문이 열렸다. 사회자가 두 손을 위로 쳐들어 관객의 주의를 끈 후 새로운 검투사 둘을 소개했다. 아마 한 번도 본 적이 없는 검투사일 거라고 호언장담했다. 이름은 아마존과 맥실라. 곧이어 여 검투사 둘이 경기장 안으로 들어섰다. 긴 머리가 어깨까지 흘러내린 여 검투사들은 짧은 튜닉에 남성용 전투복을 걸쳤고 걸음걸이가 사뭇 도발적이었다. 한 손에는 청동 투구를, 다른 손에는 단 검과 둥근 방패를 들고 있었다. 그들을 본 툴루스는 얼어붙은 듯이 꼼짝 못 했다.

'경기장에 여자가? 여자가 유혈 경기를 한다고? 남자처럼 옷을 입은 여자가?'

출입문이 다시 회전하면서 난쟁이들이 나타났다. 난쟁이 4명이 가벼운 무기와 검을 들고 있었다. 관객들의 웃음소리가 울려 퍼졌다.

"최고야! 이보다 재미있는 것이 있을까? 이런 경기를 볼 수 있다니 도무지 믿기질 않는걸."

아마존과 맥실라가 투구를 쓰자 머리카락이 투구 가장자리로 삐져나와 등에 흘러 내렸다. 둥근 방패는 왼쪽 가슴에 치켜들고 오른손에 있는 단검은 밑을 향하게 했다. 난쟁이들은 조심스럽게 다가갔다. 한 난쟁이가 던진 칼이 아마존의 방패에 맞고 튕겨 나갔다. 그러자 다른 난쟁이들이 일제히 도망쳤다. 여자 검투사들은 난쟁이들을 쫓아갔다. 툴루스는 더 이상 볼 수가 없었다. 하지만 군중의 웃음과 환호 소리에 경기가 끝났다는 것을 알 수 있었다. 그런데 다시 북소리가 울려 퍼졌다.

'이번엔 또 뭘까?'

문이 열리면서 검은 표범이 등장했다. 검은 표범은 검고 빠른 놈으로, 잔뜩 굶은 터라 무엇이라도 잡아먹을 기세였다. 그놈은 경기장에 들어서자마자 모래에서 풍기는 피 냄새를 맡았다. 잡아먹기에 만만해 보이는 난쟁이들을 바라보더니 가까이에서 조심스럽게 움직이고 있는 두 여 검투사를 빤히 쳐다보았다. 그놈은 누굴 공격해야 하는지 본능적으로 알아챘다. 검은 표범은 두 검투사 주위를 큰 원을 그리며 공격 기회를 엿보았다. 여 검투사들은 뒤로 물러서면서 그놈의 일거수일투족을 주시했다. 드디어 그놈이 미친 듯이 날뛰며 무시무시한 소리를 냈고 관객은 흥분하기 시작했다. 주변에 있던 경비원들도 긴장하며 방패와 검을 든 손에 힘을 주었다. 무슨 일이 벌어질지 모르는 일촉즉발의 상황이었다. 검은 표범이 몸을 돌려 울타리를 넘어 관객을 공격할지도 모른다. 검은 표범은 꼬리를 좌우로 흔들면서 여 검투사에게 슬그머니 다가오고 있었다. 두 눈은 뚫어져라 목표만 바라보고 있었다.

툴루스도 온몸이 굳어 옴짝달싹 못 하고 지켜만 보았

다. 은근히 검은 표범이 이기기를, 로마인이 피 흘리기를, 경기 결과가 많은 사람의 예상을 뒤엎기를 기도했다. 검은 표범은 빙글빙글 돌며 원을 좁혀왔고, 여 검투사들은 검은 표범의 눈을 노려보며 검은 표범의 움직임에 따라 몸을 움직였다. 여 검투사와 검은 표범이 서로를 주시하고 있을 때, 고수들의 북소리가 리듬을 타고 울려 퍼졌다. 갑자기 표범이 예고도 없이 위로 튀어 오르더니 앞발로 맥실라의 방패를 곧장 강타했다. 그러자 그녀는 튕겨 나가듯 뒤로 바닥에 떨어졌다. 그놈은 자기가 유리하다는 것을 알아챈 것이 분명했다. 맥실라가 방패 아래로 피하려 하자 표범은 목을 공격하려는지 발톱으로 방패를 할퀴었다. 경기장은 조용해졌다. 그때 아마존이 검은 표범의 뒤로 몸을 날려 전력을 다해 찔러댔다. 검은 표범은 몸을 돌리면서 그녀를 공격했고 그녀는 팔에 깊은 상처를 입고 모래판에 나가떨어졌다. 하지만 그녀는 맹렬한 속도로 다시 공격 태세를 취했다. 두 여 검투사와 검은 표범은 모래와 피로 뒤범벅되었다. 아마존의 검이 허공을 갈랐다. 관객들은 맥실라의 비명을 들었다. 툴루스는 시선을 고정한 채 숨을 죽이고 바라보았다. 그러나 그 어떤 움직임도 없었다.

관객석에서는 아무 소리도 들리지 않았고 툴루스 역시 눈도 깜박이지 않았다. 그런데 피로 범벅된 살덩어리가 조금씩 움직였다. 아마존이었다. 그녀는 일어나 자기 앞에 펼쳐진 광경을 바라보았다. 이어 맥실라도 죽은 검은 표범의 사체를 밀어내고 일어섰다. 두 사람 모두 온몸에 검은 표범의 피를 뒤집어쓰고 있었다. 그들은 투구를 벗고 귀청이 떠나갈 정도로 환호하는 수많은 관객을 향해 검을 높이 들었다. 이에 아피우스는 기뻐 어쩔 줄을 몰라 했고 툴루스는 아피우스의 그런 모습을 처음 봤다. 유혈 경기를 보면서 아피우스의 야성이 살아났다. 그의 군인 정신이 살아났다. 아피우스는 다시금 갈리카 군단의 백부장으로, 로마인으로 돌아왔다. 아피우스는 그 순간이 영원히 계속되길 바라는 듯 자리를 뜨려 하지 않았다.

아피우스가 전투를 끝내고 나서야 느끼는 짜릿함을 툴루스와 함께 나누면서 군중을 따라 도시로 돌아왔다. 아피우스는 유혈 경기 관람이 무척이나 좋았던 모양이다. 그는 경기의 매 순간을 되새김질이라도 하듯 툴루스에게 몇 번이나 물었다.

"검은 표범이 여자를 모래판에 쓰러뜨렸을 때, 난 도

무지 믿을 수가 없었어. 턱 한 방만 내려쳤어도 그 여자는 끝났을 거야. 그런데 결과는 어떠했지?"

아피우스는 거의 코앞에서 벌어진 유혈 경기의 전율을 생생하게 맛보았다. 그리고 지금도 그 생각에 흥분하고 즐거워했다.

"표범과 여자 하나만 남았더라면 어떻게 됐을까?"

"어떻게 되다니요? 검은 표범이 이겼겠죠."

툴루스는 아피우스에게 자기 의견을 말했다.

"그래, 나도 그럴 거로 생각해. 근데 경기장은 여자가 있을 곳이 못 되는 거 같아. 하지만 쉽게 잊을 수 없는 광경이었어."

도시를 가로질러 이동하던 군중은 흩어졌다.

이미지 4.4 가이사랴 마리티마에 있는 선술집

아피우스에겐 또 다른 계획이 있었다. 하루를 완벽하게 즐기고 싶었다. 비아 로마나의 진면목을 젊은 필사자인 툴루스에게 계속 보여주고 싶었다. 아피우스는 극장 근처에서 드디어 자기가 찾던 곳을 발견했다. 대리석을 쪼개 모자이크식으로 단장한 거리, 그곳은 바로 가이사랴의 사창가였다.

아피우스는 툴루스에게 따라오기만 하라는 표정을 지었다.

"돈은 충분하다. 하루를 멋지게 마무리해야지."

"그런데 꼭 그래야 하나요? 그냥 막사로 편히 돌아갈 수 있었는데요."

"이런 기회를 놓치고 싶어? 사람들이 비너스라 하는 여자를 찾으라고 말하던데, 아마 그 여자가 이 업소 주인인 모양이야. 일단 거기로 가 보자고."

툴루스는 그런 곳을 처음 봤다. 입구 위에는 살아 움직이는 듯한 생생한 조각상으로 장식되어 있었다. 문으로 들어서니 울타리에 둘러싸인 정원과 분수가 나타났다. 프레스코 벽화에는 남녀의 나신이 가득했는데, 툴루스로서는 상상도 못했던 광경이었다. 곧 아름다운 여인이 그들을 분수 옆 그늘로 안내하고 시원한 포도주

두 잔을 가져왔다. 툴루스는 이곳과 같은 이국적인 조경을 난생처음 보았다. 아마 저 아름다운 여인이 비너스라는 이름의 주인일 것으로 생각했다. 그녀는 우아하고 당당했다.

공창

아피우스가 툴루스와 들렀던 곳과 같은 사창가는 로마 제국 어디에나 있었다. 공창은 그리스와 로마 문화 속에서 합법적 매춘업소이다. 신전에서도 매춘이 행해졌다. 특히 바쿠스 축제나 다산을 기원할 때, 또 남성들만을 위한 저녁 파티에는 매춘부가 고용되었다. 이러한 문화는 대중문학과 예술작품은 물론 일상에서 사용되는 그릇에까지 깊숙이 스며들어 있다. 그러나 이러한 문화는 주로 남성에게 허용되었다. 남성이 사창가를 드나드는 것은 당연하게 여겼다. 심지어 남성이 이런 곳을 드나들면 가정생활이 더 즐거워진다고 노래한 시인도 있다. 반면에 여성의 활동 범위는 가정에 국한되었을 뿐 아니라 성에 있어서 자유롭지 못했다.

고대 도시에는 공창이 즐비했다. 성지에서도 그 유적이 발굴되었다.(갈릴리 남부의 베이트 셰안이나 스키토폴리스를 예로 들 수 있다.) 그 가운데서도 가장 유명한 곳은 폼페이이다. 폼페이 유적에서 성매매업소의 광고를 위한 조각상, 벽화, 밀실용 침대 등이 발견되었다.

아피우스와 툴루스는 자리를 잡고 앉았다. 비너스가 사라지자 두 명의 여자가 왔다. 한 여자는 아피우스와 유쾌하게 대화를 나누더니 곧 뜰 한편에 있는 거튼 뒤로 함께 사라졌다. 또 다른 여자는 툴루스 옆에 앉았는데, 툴루스와 비슷한 나이 또래인 듯했다. 그녀가 물었다.

"그러니까 이 도시는 처음이라는 거죠?"

툴루스를 빤히 바라보는 그녀의 눈은 매우 유혹적이었다. 그녀는 능수능란하게 분위기를 이끌었다. 툴루스의 맥박이 빨라졌다. 툴루스가 간신히 대답했다.

"네. 불과 몇 주 전에 왔어요."

이미지 4.5 폼페이 사창가의 돌을 깎아 만든 침대

"지중해 서쪽에서 오신 것 같은데? 여행을 많이 한 분 같아요. 억양은 그리스인 같이 들리고요. 이곳을 방문하는 사람들과는 달리 세련되고 우아한 뭔가가 있어요."

그녀는 툴루스를 훑어보았다. 툴루스는 그녀가 자기에게 호감을 느낀 것은 아닌가 생각했다. 그녀의 말이 고객을 대할 때 으레 하는 것인 줄을 모르는 툴루스는 얼굴까지 붉혔다. 툴루스는 그녀에 관한 관심과 함께 성적 흥분을 느꼈다. 그녀는 분수대 물에 담가놓은 주전자에서 찬 포도주를 한 잔 더 따라 주었다. 그리고 잔 속에 손가락을 담갔다가 천천히 입술에 대면서 웃었다. 그녀는 툴루스에게서 시선을 전혀 떼지 않았다. 툴루스는 그녀에게서 풍기는 꽃 냄새에 기분이 좋았다. 긴 머리를 쓸어내리는 행동도 툴루스의 넋을 빼앗기에 충분했다. 그녀가 지나칠 정도로 바짝 다가와 앉으며 물었다.

"오늘 제일 즐거웠던 일이 뭐예요?"

그녀는 미소를 머금은 채 가녀린 손을 툴루스 팔에 얹었다. 그리고 툴루스의 손가락과 몸을 살짝 건드리기도 했다. 다리를 꼰 채 발로 튜닉 밑으로 드러난 툴루스의 종아리 뒤를 건들기도 했다. 툴루스는 극도로 긴장했다.

"경기장에 있다가 이곳으로 바로 왔어요. 알렉산드리아에서 온 검투사라던데 처음 봐요."

툴루스는 흥분을 감추며 빠른 어투로 말했다. 말을 하는 동안 툴루스의 머릿속에서 경기장의 참혹한 광경과 난쟁이, 검은 표범 등의 모습이 스쳐 지나갔다. 툴루스가 말을 하면 할수록 그녀와의 거리감도 점점 사라지고 있다고 생각했다. 그녀는 툴루스를 건드리던 손을 거두고 자기 무릎 위에 양손을 모았다. 툴루스는 포도주를 마시면서 평정심을 되찾으려고 애썼다. 툴루스는 그녀와의 관계를 더 이상 진전시키고 싶지 않았다. 벽화에 그려진 그림들을 행동으로 재현하고 싶은 마음도 없었다. 여자와 함께한다는 것이 두렵기 때문은 아니었다. 갈리카의 병사들은 라바나에 있는 사창가에 자주 드나들었다. 그리고 여자에 대해 이런저런 이야기들을 들려주었다. 그러나 툴루스는 자기도 성인으로 준비가 되었다는 것은 알았지만 그들을 따라간 적은 없었다.

툴루스에겐 감추고 싶은 것이 있었다. 여자와 잠자리를 함께한다는 것 자체가 두렵다기보다는 자신이 감추고 싶은 것을 여자가 보게 될까 봐 두려웠다. 그래서 라바나에서도 사창가엔 가지 않았다. 툴루스의 비밀은 무엇일까? 그가 에메사를 떠난 이후, 그 누구에게도 말하지 않은 비밀이다. 로마인들이 혐오하고 경멸하는 비밀이며 아피우스의 식솔들도 모르는 비밀이다. 언젠가는 그 비밀을 알게 될 여자가 나타날 것이다. 어쩌면 그 여자도 툴루스의 비밀을 알고 나면 그를 비웃을지 모르는 일이다. 그 비밀은 곧 그가 완전히 로마인이 아니라는 것을 상기시키는 표식이다. 툴루스는 할례를 받았다.

할례

로마인은 소수민족 가운데 유대인에 대해서 두 가지 전통을 떠올린다. 안식일을 목숨처럼 지킨다는 것과 아들이 태어나면 할례를 한다는 것이다. 생식기 끝까지 덮인 포피를 잘라내는 것이 할례다. 주로 아이가 태어난 후 8일째 되었을 때 행한다.(오늘날에도 유대인과 무슬림, 또 많은 기독교인이 할례를 행한다.)

유대인은 할례를 하나님의 백성임을 알리는 표식으로 여겼다. 아브라함은 하나님과 언약 관계를 맺은 후(창 12-15) 할례를 했다(창17). 창세기 17장 10~14절에 할례에 대한 자세한 내용이 나와 있다.

"너희 중 남자는 다 할례를 받으라 이것이 나와 너희와 너희 후손 사이에 지킬 내 언약이니라. 너희는 포피를 베어라 이것이 나와 너희 사이의 언약의 표징이니라. 너희의 대대로 모든 남자는 집에서 난 자나 또는 너희 자손이 아니라 이방 사람에게서 돈으로 산 자를 막론하고 난 지 팔 일 만에 할례를 받을 것이라. 너희 집에서 난 자든지 너희 돈으로 산 자든지 할례를 받아야 하리니 이에 내 언약이 너희 살에 있어 영원한 언약이 되려니와. 할례를 받지 아니한 남자 곧 그 포피를 베지 아니한 자는 백성 중에서 끊어지리니 그가 내 언약을 배반하였음이니라."

성경에 여성 할례에 관한 내용은 없다. 그러나 일부 원시 이슬람 교파와 아프리카 부족들은(성욕을 없애기 위해) 사춘기에 접어들기 전 소녀들의 음핵을 잘라내는 할례를 행한다. 그러나 여성 할례는 성경과 무관하다. 유대인과 기독교인들은 여성 할례는 잔인하기 짝이 없으며 추하고 혐오스럽다고 생각한다. 그러나 여성 성기 절제로 불리는 여성 할례는 아직도 종교·문화적 이유로 행해지고 있다.

가이사랴

리비아 역시 아피우스의 변화를 알아챘다. 아피우스는 다시 일상으로 돌아왔다. 그는 숙소로 사용하고 있는 도시 외곽 진영에 들러 별문제는 없는지 이따금 살폈다. 그러나 좀체 정이 가지 않는 것 같았다. 리비아에 대한 감정 또한 예전 같지 않았다. 아피우스는 앓고 난 후 차갑게 변했다. 팔에 상처를 입은 탓일 수 있다. 아니면 그의 영혼 깊숙이 숨어 있던 무엇인가가 표출되면서 그를 지배하는 것일 수 있다. 아피우스는 업무에 충실한 사람이다. 그래서 가이우스와 잘 맞았다. 그러나 이제 아피우스는 더이상 자신의 감정을 내비치지 않았다. 리비아는 아피우스가 자기와 거리를 두고 있다고 생각했다. 아피우스가 집에 머물 때면 몇 시간 동안 말 이야기만 늘어놓을 뿐이었다. 심지어 리비아가 같은 방에 있다는 사실조차 알아채지 못했다. 리비아는 아피우스의 주의를 끌기 위해 온갖 방법을 다 썼지만 허사였다.

리비아는 아피우스가 회복된 것이 기뻤지만 동시에 불안했다. 아피우스는 전과는 달리 그녀를 쳐다보지도 않았고 끌어안지도 않았다. 중요한 대화는 거의 오가지 않았다. 아피우스의 팔은 여전히 욱신거리고 제대로 움직일 수 없었다. 그러나 팔에 대해 아무런 말도 하지 않았다. 리비아는 화살 조각이 여전히 몸에 박혀 있어서 아피우스의 생명을 위협하고 있다고 생각했다. 아피우스의 부상으로 인해 모두의 삶이 위협받고 있었다. 팔을 전처럼 사용할 수 없게 되어 무력감을 느끼고 있지는 않은지 걱정도 했다. 그녀가 알던 아피우스는 두라에서 이미 죽었다. 두 사람의 관계에도 화살이 박혀 있었다.

리비아는 시간 대부분을 가이우스와 이야기하면서 보냈다. 그러나 그것도 쉬운 일이 아니었다. 갈수록 더 힘들어졌다. 나중엔 가이우스도 우울했던지 혼자 있고 싶어 했다. 툴루스는 아피우스보다 집에 자주 왔다. 리비아는 가이우스와 툴루스를 보면 기분이 좋아졌다. 심지어 가이우스가 좋아지기까지 했다. 가이우스가 예전에 종들을 관리하던 것이 몸에 배어 이따금 무게를 잡았는데, 그 모습조차 정겹게 느껴졌다. 한 예로 가이우스는 부엌 바닥에 피가 묻어 있는 것을 싫어했다. 육류 요리를 하다 보면 부엌 바닥에 핏자국이 남기 마련이다. 그러나 가이우스는 시장이나 도축장에서도 핏자국이 있어서는 안 되는 법이라며 툴루스와 리비아에게 요리하는 종들을 다그치라고 말했다. 부엌에 핏자국이 있는 것은 흔한 일이었는데도 말이다.

가이우스는 툴루스와 리비아가 가이사랴에서 새로 사 온 옷들을 탐탁잖게 여겼다. 튜닉의 길이는 너무 짧았고 옷감은 하늘하늘 속이 비쳤으며 문양도 화려했다. 무엇보다 값이 비싸다는 것이 그 이유였다. 또한 리비아의 화장이 너무 짙다고 생각했다.

'팔에 팔찌를 십여 개나 차고 있다니!'

입 밖으로 내뱉지는 않았어도 가이우스의 눈에 거슬리지 않는 것이 하나도 없었다. 가이우스가 입 밖으로 이런 말을 내뱉지는 않았지만, 눈을 보면 속내가 다 드러났다. 가이우스는 리비아의 치장이 과하다고 생각했다. 툴루스 역시 여전히 철딱서니가 없고 충동적이라고 생각했다. 젊을 때부터 욕구를 잘 다스려야 나중에 탈이 없을 텐데 그걸 모르는 것 같다고 생각했다.

"애송이 툴루스, 마음을 다스려야 몸도 따라가는 법이야."

가이우스는 귀에 못이 박힐 정도로 이 말을 자주 했다.

여성과 화장품

문학 작품, 고인의 초상화, 벽화, 유물들을 통해 고대 로마 시대의 여인들이 화장을 아주 짙게 했다는 것을 알 수 있다.

화장품 종류로는 미백 파운데이션, 립스틱, 마스카라, 아이섀도(현대의 '콜'과 유사함. 콜은 아라비아 여인들이 눈언저리를 검게 칠할 때 사용하는 황화납 분말)를 포함하여 탈취제, 가짜 속눈썹(눈썹이 얼마나 긴지 콧등에까지 닿을 정도이다), 치아 미백제, 향수 등이 있다.

화장을 과하게 한 여인들을 부도덕하다고 생각하는

이미지 5.1 화장품 용기

남성들은 자기 아내가 화장하는 것을 꺼렸다고 역사가들은 서술한다. 그러나 대다수 여성, 특히 상류층 여성 사이에 화장품은 널리 사용되었다.

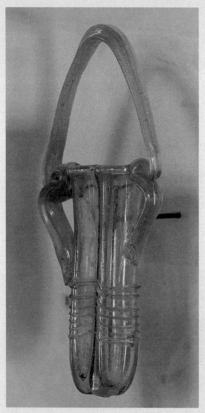

이미지 5.2 두 개로 된 화장품 용기

또 다른 화살

"그거 새 모자야?"

툴루스는 유행하는 모자를 쓰고 왔다. 태양신 헬리오스를 연상시키는 뻣뻣한 챙이 달린 모자였다.

"수수한 것으로 머리를 가리면 안 돼?"

툴루스는 가끔 의도적으로 이런 물품을 가지고 와서 가이우스를 자극했다. 그때마다 리비아는 가이우스의 반응을 잠잠히 서서 지켜보곤 했다. 리비아는 가이우스의 반응을 곧이곧대로 받아들이지는 않았다. 가이우스의 반응은 다소 과장되었고 장난기도 서려 있었기 때문이다. 어느 날 저녁, 리비아는 오른팔에 30개나 되는 팔찌를 차고 나타났다. 리비아는 가이우스가 너무 고리타분해서 같이 식사를 못 하겠다고 너스레를 떨었다. 그리고 유행을 따라가는 것이 쉽지 않다고 투덜거렸다. 가이우스는 도대체 여자들의 팔찌는 몇 개가 적당한 것인지 모르겠다며 리비아의 말에 응수했다. 이렇게 두 사람은 15분간 이야기를 주고받았다. 리비아는 늙은 가이우스의 얼굴에 미소가 스쳐 가는 것을 보았다.

아피우스가 없는 동안, 리비아와 툴루스 사이엔 우정

이 깊어졌다. 아피우스가 변한 것 같다고 이야기하면서
부터 싹튼 우정이었다. 아피우스는 가버나움 지역과 관
련한 업무를 수행하느라 바빴다. 그러다 보니 집안일에
점차 소홀해졌다. 툴루스는 아피우스와 종일 함께 있다
가 아피우스가 지역 백부장들과 외출이라도 할 때면 리
비아를 보기 위해 집에 오곤 했다.

"아피우스님은 우리에겐 관심이 없는 것 같아."

리비아는 툴루스가 시장에서 사 온 식료품을 뜰에 내
리는 것을 도와주면서 말했다.

"다시 일상으로 돌아오셨잖아요. 리비아. 잃어버렸던
것을 되찾기 위해 애쓰고 계세요. 총독을 보필하는 호민
관의 신임도 받고 있지요. 무엇보다 아피우스님은 죽었
다가 살아나셨잖아요. 워낙 강한 분이라 이 정도로 회
복한 거예요. 지금도 회복 중이고요. 제 말을 믿어요."

"글쎄, 난 잘 모르겠네."

"알게 될 겁니다. 아피우스님이 바쁠 때는 우리가 할
일을 하면서 이 집을 지키면 돼요. 당신과 가이우스 그
리고 제가요. 집에 안 계시니 직접적인 지시는 없어도 그
분이 원하시는 일을 하면 될 거예요. 그것이 그분을 공
경하는 거예요."

헬리오스 모자와 패션

어느 세대든 유행은 존재한다. 전 세대와 구별되는 의복, 헤어스타일, 음악 등이 새로이 생겨난다. 또한 유행은 아주 빠르게 변한다. 특히 오늘날엔 과거 그 어느 때보다 유행이 빠르게 바뀐다. 대체로 유행은 2년, 또는 계절 단위로 바뀐다. 유행을 아는 사람이라면 15년 전에 유행했던 헤어스타일을 고수하지는 않을 것이다.

헬레니즘 시대 때에도 유행이 자주 바뀌었다. 로마인은 몸을 부드럽게 감싸고, 길고 몸의 곡선을 잘 드러내는 옷을 선호했다. 그 이전에는 가운처럼 어깨부터 발까지 길게 늘어진 풍성해 보이는 옷이 유행했다. 1세기 때는 끈을 길게 묶는 샌들에 짧은 토가가 유행했다. 그리고 테두리가 곧게 뻗은 모자를 썼다. 이 모자는 태양신 헬리오스의 상징인 후광을 연상케 했다. 그리스 신을 연상시키는 패션으로 보아 로마가 헬레니즘 문화에 많이 동화되었음을 알 수 있다.

대다수 유대 지도자들은 이러한 패션에 거부반응을 보였다(마카베오 하 2:7-17 참조). 이러한 패션이 유대 신앙을 많이 훼손시킨다고 생각했기 때문이다. 그리고 유행을 따르는 사람들은 성전 제사와 예배를 등한시했다. 대신 경기와 원반던지기 같은 행사에 열중했다. 유대인들은 이처럼 로마 문화에 심취한 사람들은 유내법에 합당치 않다고 생각했다.

"아무런 희망이 보이지 않는데도 마냥 기다리기만 하란 말이야?"

"희망은 늘 있어요."

툴루스는 그녀에게 다가가 손을 잡으며 말했다.

"리비아. 아피우스님은 우리를 돌보고 있잖아요. 우리가 필요한 것을 살 수 있는 돈을 보내주기 위해 애를 많이 쓰고 계시잖아요. 아피우스님은 우리를 여전히 가족으로 여기세요. 그렇지 않다면 우리를 나 몰라라 하거나다 내쫓고 새 삶을 시작했겠지요. 그러나 우리 중 누구도 쫓겨나지 않았지요. 그분은 우리를 버리지 않으셨어요."

"하지만 지금은 아무런 약속이 없으니 희망이 점점 사라지는 것 같아. 예전엔 군단으로 떠날 때마다 늘 내게 돌아오고 싶어 하셨어. 난 그걸 잘 알고 있었지. 대문에서 배웅할 때면 내게 입맞춤하면서 약속하셨지. 항상 내게 돌아온다는 약속, 나는 그 약속을 붙들고 기다릴 수 있었어. 그런데 지금은 난 그분의 안중에 없어. 내 존재 자체에 관심도 없으시지. 더더구나 나와 함께 있으려고 하지 않잖아."

"리비아, 당신은 결코 혼자가 아니에요."

"그렇겠지, 나에겐 가이우스와 네가 있으니까."

리비아는 잠시 말을 멈췄다.

"특히 너는 항상 신실하지. 툴루스, 너는 항상 내게 친절하고 나를 존중해줬어. 길거리의 남자들과 같은 눈빛으로 나를 쳐다보지도 않고 말이야. 너는 나를 잘 이해하는 것 같아."

툴루스는 리비아에게서 뭔가 새로운 것을 느꼈다. 이제 툴루스는 리비아를 똑바로 바라볼 수 있었다. 두 사람 사이의 거리가 가까워졌다. 그동안 두 사람 사이에 있던 보이지 않는 큰 벽이 무너져갔다. 툴루스는 이제 벽 자체를 무시하고 금지된 새로운 영역으로 한 발을 더 디딜 생각까지 했다. 리비아를 바라보는 툴루스의 눈빛이 달라졌다. 툴루스는 그녀에게서 풍기는 재스민 향유 냄새를 맡았다. 촉촉하게 젖은 리비아의 호박색 눈에는 표현하기 어려운 어떤 기대감이 담겨있었다. 그 눈을 들여다보노라면 시간이 멈춘 것처럼 느껴졌다. 툴루스는 그러한 미묘한 감정을 계속 간직하고 싶었다. 그러나 그 끝은 알 수 없었다. 아드레날린이 분출할 때면 무작정 뛰어들고 싶었지만, 이내 뒤로 물러섰다.

로마인 가족

로마 사회에서 가족은 보호되어야 하고 보존되어야 할 가장 기본적인 경제적·사회적 구성단위였다. 오늘날의 핵가족과는 개념이 다르다. 배우자, 자녀 외에 각자 맡은 일을 하는 종들도 가족에 포함했다. 혈연관계가 아닌 이들도 가족의 구성원이 될 수 있다. 아피우스는 감정보다 신뢰를 바탕으로 툴루스를 가족이라고 말했다(물론 감정을 우선시할 때도 종종 있다).

가장은 아버지이며 가정의 우두머리이다. 로마 사회는 아주 가부장적으로, 가장은 큰 권력을 행사할 수 있다. 아내를 쉽게 내보낼 수도 있고 이혼할 수도 있으며 태어난 아이를 받아들일 수도 있고 내칠 수도 있으며 심지어 원하지 않은 아이가 태어나면 죽게 방치할 수도 있었다. 노예에게는 절대적 권력을 행사할 수 있었기에 팔거나 벌하거나 심지어 죽일 수도 있었다. 인간 존중법이 노예에겐 적용되지 않았기 때문이다. 아피우스는 가장으로서 리비아, 툴루스, 가이우스를 돌보았다.

이미지 5.3 여인의 초상화

바로 그때 가이우스가 나타났다. 가이우스는 두 사람의 속내를 다 안다는 듯 한 사람씩 번갈아 노려보았다. 그리고 위아래를 훑어보며 조심하라는 경고를 보냈다. 가이우스를 속이기는 힘들다. 가이우스는 자기가 목격한 상황의 의미를 이미 알아채고 불쾌해했다. 툴루스는 얼른 돌아서 문 쪽으로 향했다. 리비아 역시 재빨리 자리를 뜨려 했다. 가이우스와 눈이 마주치자 그녀는 눈을 내리깔고 얼굴을 붉힌 채 얼른 지나갔다. 그러자 가이우스가 리비아를 따라갔다. 자칫하면 가정의 평화가 깨질 판이다. 어쩌면 다른 종들도 이미 눈치채고 있을지 모른다. 그제야 가이우스는 정신이 번쩍 들었다. 지금 이 집에서 가장 위험한 자는 툴루스이다. 두라에서 아피우스는 파르티아인이 쏜 화살에 맞아 거의 죽을 뻔했다. 이제 이 집에서 또 다른 파르티아인이 에로스의 화살을 리비아에게 쏘았다. 이 화살 역시 분명히 치명적일 것이다. 리비아, 가이우스는 물론 무엇보다 툴루스는 이 사실을 부인할 수 없었다.

　툴루스는 자기 잘못을 깨달았다. 그래서 일부러 집에 자주 오지 않았다. 온다고 해도 잠시만 머물렀다. 일주일 생활비를 전달할 때도 직접 오지 않고 전령을 통해 보내기도 했다. 리비아에게 전하는 말은 단 한마디도 없었다. 리비아가 애가 타서 물었다.

"툴루스가 내게 전하라는 말은 없나요? 분명히 뭔가 말을 했을 텐데요."

"아니요, 없습니다. 그냥 빨리 다녀오라는 말만 했어요. 그리고 사람들과 노닥거리지 말라고 했어요."

리비아는 전령이 전한 사람들이란 곧 자기를 일컫는 것으로 생각했다. 가이우스는 전령의 주의를 돌리기 위해 일부러 일 이야기를 했다. 가이우스는 전령이 큰 소리로 읽었던 툴루스의 서신을 건네받았다. 리비아는 툴루스가 곤경에 처한 것은 아닌지 몹시 걱정했다.

파피루스와 밀랍

1세기에 들어 필기구는 크게 발전했다. 대개 학생들은 첨필과 왁스판을 사용했다. 왁스판과 첨필은 썼다 지우기를 반복할 수 있었다. 문서를 작성할 땐 파피루스와 피지를 사용했다. 파피루스는 이집트 나일강 언저

이미지 5.4 첨필과 왁스판을 든 여인과 두루마리를 든 남성의 모습이 담긴 폼페이 벽화

리에서 자라는 갈대류로 만들었다. 줄기 속의 부드러운 부분을 얇게 찢어 물에 적시고 가로와 세로로 겹쳐 두 겹으로 만든 후 사포로 갈아 건조했다. 이렇게 만들어진 파피루스는 매우 질기면서도 부드러운 종이가 되었고 적당한 크기로 잘라 팔았다. 피지는 양가죽을 긁어내고 다듬고 늘려 말린 것이다. 아주 비싸므로 영구적으로 보관할 문서를 작성할 때 주로 사용했다.

전령이 방에서 나가자 가이우스도 함께 나갔다. 리비아는 툴루스가 작은 파피루스 조각에 펜으로 능숙하게 써 내려간 편지를 손가락으로 훑었다. 글을 읽을 수는 없지만, 촉각을 이용하여 글쓴이의 목소리를 들을 수 있을지 모른다는 생각에서였다. 편지지 한 모퉁이에 잉크 얼룩과 글쓴이의 지문을 발견했다. 리비아는 그 위에 자기 손가락을 대어보고 뺨에도 바짝 갖다 댔다. 리비아는 툴루스가 잘 지내는지 직접 확인하기 위해 마을을 빠져나가는 전령을 뒤따라갔다. 리비아는 툴루스의 상태를 확인이라도 하고 싶었다.

전령은 서둘러 복귀하지 않았다. 그가 이곳에서 어슬렁거린다고 해도 알 사람은 없을 것이다. 그는 가이사랴 중심부를 느긋하게 돌아다녔다. 리비아는 일정 거리를 두고 그를 뒤따라갔다. 전령은 그녀가 뒤따라오는 것을 전혀 눈치채지 못했기에 여유롭게 걸어갔다. 도시의 좁은 길목에 늘어선 노점 앞에서 이따금 멈추기도 했다. 마침내 전령은 마음을 정한 듯 항구를 향해 성큼성큼 걸어갔다. 리비아는 전령이 아피우스와 툴루스가 일하는 백부장의 막사로 향하리라는 것을 알고 있었다. 그런데 위험이 도사리고 있었다. 예기치 않게 아피우스와 마주친다면? 결혼도 안 한 젊은 여자가 혼자 진영에 있는 것에 대해 뭐라고 설명할 것인가? 물론 그녀는 공식적으로 아피우스의 식솔이다. 그러나 아피우스를 찾아온 것이 아닌 터라 병사에게 들키기라도 하면 오해를 살 수 있었다. 게다가 서둘러 나오느라 얼굴을 가릴 베일을 챙기지 못했다. 그녀는 가정에서 입는 일반 튜닉에 샌들을 신고 있었다. 몸가짐을 조심하는 여자라면 그런 차림으로 공공장소에 나오지는 않았을 것이다.

전령이 진영 정문을 통해 들어갔다. 리비아는 근처 건물 모퉁이에서 그를 지켜보기만 했다. 더 이상 따라갈 수가 없다는 것을 알았다. 경비병들이 문밖을 지키고 있었다. 만일 그녀가 안으로 들어가려 하면 막아설 것이 뻔했다. 어쩌면 무슨 목적으로 왔는지 심문하고 감금도 할지 몰랐다. 그렇지만 리비아는 돌아가지 않고 숨어서 기다렸다. 그리고 더 이상 참을 수 없다는 듯 문을 향해 갔다.

아피우스, 빌라도 총독을 만나다

그날 아침 총독이 아피우스에게 회의가 있다고 전갈

을 보냈다. 아피우스는 재빨리 툴루스를 불러 함께 공식 회의 준비를 했다. 툴루스는 필기하기 위해 왁스판을 들고 왔다. 툴루스는 갈리카에서 내준 군사용 벨트를 차고 최고로 좋은 튜닉을 입고 있었다. 툴루스가 차고 있는 칼집엔 갈리카 군단의 상징이 멋지게 새겨져 있었다. 툴루스가 아피우스의 숙소로 가 보니 아피우스가 혼자 힘으로 군복을 입느라 끙끙거리고 있었다. 툴루스는 아무 말 없이 아피우스가 옷 입는 것을 도왔다. 두 사람 다 준비를 마쳤다.

"총독의 저택에 들어가면 총독의 보좌관이 우릴 접견실로 인도할 것이다. 내가 명령할 때까지 잠자코 있어라. 지시가 있기 전에는 무엇이든 큰 소리로 읽지도 마라."

아피우스는 총독을 처음 만나기 때문에 다소 긴장했으나 당당함을 잃지 않았다. 아피우스는 총독이 아랫사람들을 전혀 배려하지 않는다는 말을 들었기에 성품이 차가운 사람이리라 짐작했다.

"총독을 만났을 때 인사를 해야 하나요?"

"그럴 필요 없다. 인사는 내가 할 테니 너는 잠자코 나만 보좌하면 돼."

"그러면 주인님이 무엇인가 합의를 하시기 전에 꼭 아

서야 할 사항이 적혀있다면 어떻게 할까요?"

"그럴 땐 말을 해도 좋다. 단 그분에게 등을 보이거나 그분이 듣지 못하게 속삭이지 미라. 내 앞에 놓인 것을 큰 소리로 읽어도 괜찮은지 먼저 여쭤봐라."

아피우스는 툴루스의 읽기 능력에 많이 의존했다. 아피우스는 총독을 믿을 수 없었다. 그 자리를 차지하기 위해 수많은 다른 로마인을 밟고 죽이고 그 자리까지 올라간 사람이었다. 그는 계산적이며 무자비한 사람으로 그 지역에 알려졌다.

"오늘 아침 총독이 어떤 목적으로 만나려 하는지 모르지만, 단단히 채비해야 할 것이다. 또 우리에게 숨기고 싶어 하는 것이 무엇인지도 헤아려야겠지."

아피우스는 툴루스와 함께 본관 뜰을 지나 북쪽 끝에 있는 총독 관저로 갔다. 총독 관저는 웅장하면서도 우아했다. 관저는 진영 가운데 안전하게 자리 잡고 있었다. 총독만큼이나 야심이 있는 군단병 다수가 지키고 있었다. 그들은 에베소나 사디스나 어디든 총독이 가는 곳마다 따라갈 것이다.

폰티우스 필라투스(본디오 빌라도)

로마는 서기 6년에 유대 중부에 있는 헤롯 대왕의 아들 아르켈라오스를 폐위한 후, 총독 또는 행정관들이 그 지역을 다스리게 했다. 이들은 대개 군 출신이었고 로마 군단병이나 보조 부대의 지원을 받아 일했다. 이들은 연락망이 잘 구축되고 안전하게 로마식 생활을 즐길 수 있는 가이사랴 마리티마에서 주로 거주했다. 유대 지도자들과의 협업이 필요할 땐 예루살렘 안토니아 요새나 도시 서쪽에 있는 헤롯 대왕의 옛 궁전에 머물렀다.

폰티우스 필라투스는 유대 지역 5대 총독으로 AD

이미지 5.5 가이사랴 마리티마에 있는 헤롯 궁의 유적 전경

26~36년 동안 통치했다. 당시 유명한 유대 역사가인 요세푸스는 그에 대해 잘 묘사했다. 필라투스는 유대인 지도자들과 사사건건 충돌했다. 유대에 처음 올 때 로마 군의 상징인 깃발을 든 군단병을 앞세워 자신의 권위를 드러냈다. 이에 유대 지도자들은 이교도들이 유대인 성전을 침입하지 않도록 하겠다던 약속을 어겼다며 분노했다. 필라투스가 예루살렘에서 유대 지도자들과 대면했을 때 유대 지도자들은 그의 앞에 무릎을 꿇고 이방인의 상징 깃발로 성전을 더럽히는 것을 보느니 차라리 칼에 찔려 죽겠다고 단호하게 말했다.

필라투스는 외교적으로 큰 충돌을 피하고자 일단 물러섰다. 그는 차차 유대인과 함께 일하는 것을 배웠다. 10년간 통치하면서 대제사장 가야바와 협력관계를 모색했다. 필라투스가 지닌 정치 수완을 가야바도 가지고 있었다. 많은 사람이 예수를 따를 때 이 두 사람이 행한 일을 예로 들 수 있다.

"이에 대제사장들과 바리새인들이 공회를 모으고 이르되 이 사람이 많은 표적을 행하니 우리가 어떻게 하겠느냐 만일 그를 이대로 두면 모든 사람이 그를 믿을 것이요 그리고 로마인들이 와서 우리 땅과 민족을 빼앗아

가리라 하니 그 중의 한 사람 그 해의 대제사장인 가야바가 그들에게 말하되 너희가 아무것도 알지 못하는도다 한 사람이 백성을 위하여 죽어서 온 민족이 망하지 않게 되는 것이 너희에게 유익한 줄을 생각하지 아니하는도다 하였으니" (요11:47-50)

예수가 십자가에 못 박혔을 때 필라투스는 유대의 총독이었고 가야바는 예루살렘의 대제사장이었다.

정문 바로 안쪽으로 하늘이 보이는 정원과 분수대가 있었다. 이전 총독이 머물렀을 때보다 더 낮게 보이기 위해 새 단장이 한창이었다. 인부들이 벽에 회칠했고 화가들은 그 위에 프레스코화 스케치를 하고 있었다. 아직 색을 칠하지는 않았으나 헤라클레스와 술의 신 바쿠스가 술 마시기 시합하는 모습이다. 아마도 총독은 헤라클레스를 좋아하는 모양이었다. 프레스코화 첫 그림에서 힘센 헤라클레스는 상대방에게 위협적인 자세를 취하고 있었다. 마지막 그림에서는 술에 취한 헤라클레스가 검을 떨어뜨린 채 축 늘어져 있고 바쿠스는 포도로 장식한 잔을 하늘 높이 쳐들고 웃고 있다.

"그분의 이름을 언급해야 할 땐 어떻게 해야 합니까?"

툴루스는 목소리를 낮추어 물었다.

"이름은 절대 입에 올리지 마라. 노예의 입에서 그분의 이름이 나오면 안 된다. 그냥 주인님이라고만 칭하면 된다."

잠시 후 선임 호민관이 내실에서 나와 다가왔다. 말끔히 차려입은 모습이 총독의 보좌관다워 보였다.

"폰티우스 총독님이 귀관을 만나실 것이오."

이 말만 하고 얼른 뒤돌아서서 걸어갔다. 굳이 말을

안 해도 따라오리라는 것을 아는 듯했다.

필라투스는 알현하는 사람들을 내려다볼 수 있는 높은 자리에 앉아있었다.(들리는 말에 의하면 키가 작은 필라투스는 얕잡아 보이지 않기 위해 위압적으로 사람들을 대했다고 한다.) 아피우스는 자기소개를 했다.

"갈리카 군단의 전임 수석 백부장 아탈리아의 아피우스입니다."

필라투스는 일어나 그를 맞이하기 위해 내려왔다. 툴루스는 잠잠히 있었다.

"갈리카의 아피우스여, 듣자 하니 부상을 당했다고 하던데. 팔을 쓰지 못한다던데 맞나?"

툴루스는 그 말에 깜짝 놀랐다.

필라투스가 그런 말로 첫인사를 건네다니.

회의장에 있던 경호병들은 모두 시선을 아래로 향했다. 툴루스도 마찬가지로 바닥만 내려다봤다.

"맞습니다. 두라-유로포스에서 제 대대가 파르티아인으로부터 요새를 구할 때 화살에 맞았습니다. 의사들이 팔을 쓰지 못할 거라고 말하더군요."

"그렇다면 뒤에서 화살이 날아온 것인가? 적과 마주하지 않았단 말이지?"

"그자가 숨어 있었습니다. 각하."

"그래, 갑옷도 입지 않은 채 적에게 노출되었단 말인가?"

"그렇습니다."

"귀관이 전쟁 중에 파르티아 놈에게 노출되었다는 것은 그놈이 이겼다는 뜻 아닌가?"

"두 놈이 숨어 있었는데, 아무도 그자들을 볼 수 없었습니다."

"귀관은 우리 병사들을 어떤 식으로 훈련했기에 상관의 안전도 제대로 살피지 못했단 말인가?"

"그들의 잘못이 아닙니다. 제 실수였습니다. 그러나 신께서 저를 살려주었습니다."

아피우스의 말에 놀란 듯 경비병들이 잠시 고개를 들었다.

필라투스는 이리저리 거닐며 흡족한 표정을 지었다.

"그래, 됐네. 귀관은 나와 그리고 황제를 섬길 각오가 되었는가?"

"명령하신 대로 따르겠습니다. 저는 갈리카 군단을 이끌었기에 부대를 주신다면 지휘할 수 있습니다."

"내가 원하는 대로 기꺼이 하겠다는 뜻이군. 유대인들

이 갈릴리라고 부르는 조그마한 도시가 있네. 그곳을 감독하기를 바라네. 갈릴리는 작지만 중요한 곳이야. 우리가 유대 북쪽에서 세금을 많이 징수하는데 갈릴리 지역이 골칫덩어리야. 우리 병사 30명을 데리고 가게. 그곳에 도착하면 그 지역의 세리들이 맞이해 줄 걸세. 귀관이 필요한 건 그들이 알아서 해줄 거네."

필라투스는 잠시 말을 멈추었다가 다시 물었다.

"별문제 없겠지?"

필라투스는 혹시 자기가 더 알아야 할 사항은 없는지 생각하는 것 같았다.

"제겐 몇 안 되는 식솔이 있는데 모두 노예입니다. 이들 외엔 없습니다."

"알겠네. 내 부하들이 귀관에게 마차와 말을 내줄걸세. 그리고 우선 귀관이 자리를 잡을 때까지 주둔할 추가 병력을 보내겠네."

필라투스는 이동과 관련된 세부 사항에 대해 계속 이야기하면서 아피우스에게 봉인된 두루마리를 건넸다. 아피우스가 두루마리를 툴루스에게 슬쩍 건네주자 툴루스는 재빨리 봉인을 뜯고 펴서 세부 사항을 훑어보았다.

아피우스는 분명 강등되었다. 이에 따라 급여에도 변동이 생길 것이다. 그러나 부족한 부분은 지방세에서 임의로 충당할 수 있을 것이다. 아피우스는 기비니움이라 부르는 마을로 갈 것이다.

이 외에 전임 병사들이 어려움을 겪었다는 내용이 담겨있었을 뿐 이렇다 할 구체적인 사항은 없었다. 툴루스가 당장 아피우스에게 전달할 내용도 없었다. 툴루스는 두루마리를 다시 말았다. 아피우스가 툴루스를 주시하자 툴루스는 별문제 없다는 듯 고개를 끄덕여 보았다. 이렇게 회의가 끝났다.

아피우스와 툴루스가 관저를 나설 때 총독도 따라나섰다. 총독은 정원 단장이 어떻게 진행되고 있는지 확인도 하고 프레스코에 대한 아이디어를 아피우스에게 자랑하고 싶은 듯했다. 뜰 가운데로 들어서자 경비병들이 그들을 호위했다. 그러나 선임 호민관은 멀리 떨어진 채 서 있었다. 그때 저만치 진영 정문에서 시끄러운 소리가 들렸다. 경비병들이 호통을 치는가 했더니 이내 잠잠해졌다. 선임 호민관은 무슨 일인지 확인하기 위해 정문 쪽으로 경호병 두 명을 보냈다. 아피우스는 총독에게 인사를 하면서 갈릴리에서 임무를 성공적으로 달성하겠다고 약속했다. 툴루스는 꼼짝도 안 하고 아피우스 뒤에 서 있었다. 필라투스가 마지막으로 당부했다.

"이번 주 안에 출발하면 좋겠네. 그리고 이 지역에서 어떠한 소동도 없기를 바라네. 워낙 말썽을 좋아하는 지역이라서."

아피우스와 툴루스는 총독의 정원에서 벗어나 진영을 향해 걸어갔다. 그런데 4명의 병사가 한 사람을 붙잡고 있는 것이 눈에 들어왔다. 잡힌 사람은 벗어나려고 발버둥 치고 있었다. 가까이 다가가니 그들 앞엔 흐트러진 옷매무새에 두 눈은 겁에 잔뜩 질려있는 리비아가 있었다.

가이사랴에서 가버나움으로

정문에서 소동이 벌어지자 호민관이 보냈던 경호병 두 명도 끼어들었다. 4명의 무장 병사가 리비아를 에워쌌다. 리비아는 먼지를 잔뜩 뒤집어쓴 채 그들에게 둘러싸여 있었다. 아피우스가 다가가 말했다.

"모두 진정하게. 내가 아는 여자야."

툴루스는 이 상황에 끼어들지 않으려고 무진 애를 쓰며 관심이 없는 척했다. 아피우스의 말에 정문을 지키던 경비병 2명은 즉각 뒤로 물러서 돌담에 기대섰다. 빨리 자리를 떠나고 싶어 하는 기색이었다. 모두 아피우스라는 인물에 대해 알고 있는 듯했다. 그러나 호민관의 경비병 2명은 순순히 물러나지 않았다. 이 가운데 한 병사는 군단 복무 경력도 있고 호민관의 신임도 얻고 있어 곧 백부장이 되기를 고대하고 있었다. 그래서 그런지 연륜도 이느 정도 있어 보였고 딩딩했다. 그런데 바로 그가 무릎을 꿇고 있는 리비아의 머리채를 잡았고 리비아는 고통스러운 표정을 지었다.

"백부장 나리가 상관할 일이 아니잖습니까?"

리비아를 잡은 병사는 물러서지 않았다. 그는 정문 앞 모랫길에 두 발을 단단히 고정한 채 서 있었다.

"쉬어.(군대 명령어.) 이 여자는 내 식솔 가운데 하나야."

툴루스는 몇 달 만에 아피우스의 당당한 모습을 보았다. 그것이야말로 툴루스가 알고 있던 수석 백부장의 모습이다. 그 순간만은 더 이상 부상 당한 후 변한 아피우스의 모습이 아니었다. 아피우스의 시선이 뜰 쪽을 향했다. 거기엔 필라투스와 호민관이 서서 지켜보고 있었다. 병사는 아피우스를 빤히 쳐다보면서 명령에 응하지 않았다. 아피우스가 그에게 바짝 다가가 귓전에 대고 말했다.

"이 여자는 내 소유이다. 나는 지금 귀관에게 명령하고 있다."

툴루스는 아피우스의 표정에 분노가 서려 있음을 알아챘다. 아피우스는 이 일을 대충 넘어가려 하지 않았다.

"여자를 풀어줘!"

아피우스가 어찌나 가까이서 호통을 쳤던지 병사의 얼굴에 침이 튀었다. 아피우스의 손이 어느새 자신의 단검 손잡이에 얹혀 있었다.

"놔 주라고! "

병사는 안뜰과 리비아를 번갈아 힐끗 쳐다보았다. 그리고 아피우스 얼굴을 보면서 어떻게 해야 할지 고민하는 듯했다. 툴루스는 그 병사의 생각을 읽고 있었다.

'지금이야말로 내 실력을 발휘해서 진급의 기회를 노릴만하지 않을까? 진급시킬만하다는 인상을 심어주는 거야. 아니면 섣불리 명령을 어겼다가 내 장래를 망치는 것은 아닐까?'

이미 다른 병사 하나는 현장에서 벗어나 정문 경비병들과 함께 서 있었다. 그들은 곧 피를 보겠거니 생각했다.

"이 여자와 무슨 상관이요?"

병사가 다시 아피우스를 노려보며 물었다. 그의 눈에는 동정과 조소의 빛이 어려 있었다.

"귀관이 알 바 아니다."

아피우스는 병사에게 한 걸음 더 다가섰다. 그리고 갑옷과 갑옷이 거의 맞닿을 정도로 그를 밀어붙였다. 순간 아피우스가 칼집에서 단검을 뽑아 드는 소리가 났다. 이제 어떤 일이 벌어질지 알 수 없다. 어쩌면 한 사람은 곧 죽을지도 모른다. 모두 숨을 죽이고 구경했다. 둘 중 누가 물러설지 누구의 경력이 망가질지 지켜봤다.

"쉬어!"

아피우스가 병사를 향하여 버럭 소리를 지르더니 리비아의 머리채를 잡은 그의 손목을 잡아 비틀었다.

"손모가지를 부러뜨려주지."

그런데 상대방의 힘도 만만치 않았다. 자칫하면 사람들 앞에서 체면을 완전히 구길 수 있었다. 그때 필라투스의 옆에 서 있던 호민관이 소리 없이 소동이 벌어지고 있는 곳으로 걸어왔다. 한 여자를 두고 두 명의 로마 병이 싸우고 있는 이 모습은 누가 봐도 볼썽사나웠다. 이러한 상황은 그 누구에게도 도움이 되지 않는다. 빨리 사태를 마무리 지을 필요가 있다. 어느새 싸움 구경하기 위해 사람들이 정문 쪽으로 모여들었다. 병사도 검을 잡으려 했지만 아피우스가 한발 빨랐다. 아피우스는 왼손으로 칼자루를 잡은 채 경비병의 벨트를 낚아챘다. 병사가 아피우스의 손을 막으려 했지만 날카로운 검에 손바닥을 깊이 베였다. 그는 그제야 움찔하면서 리비아를 잡고 있던 손을 거두었다. 그리고 백부장의 공격권에서 벗어나기 위해 뒤로 물러섰다. 그의 손에서 피가 철철 흘렀다. 그가 아피우스를 향해 욕설을 퍼부을 때 호민관이 가로막아 섰다.

리비아는 툴루스가 있는 쪽으로 달려가더니 그 발밑에 쓰러졌다. 툴루스는 혼란스러운 감정으로 그녀를 쳐다봤다. 어떻게 해야 할까? 이 여자를 안고 다독여 줘야 할까? 아니면 이 쟁쟁한 사람들 앞에서 아무런 관심도 보이지 말아야 하나? 다친 데는 없는지 살펴봐야 하지 않을까?

툴루스는 무표정한 채로 서 있기만 했다. 그의 앞에 있는 리비아의 꼴이 엉망이었다. 튜닉의 어깨 부분은 찢어졌고 여기저기 병사의 피가 튀어 있었다.

"카르타고의 악시우스, 이게 다 무슨 일인가? 설명 좀 해봐."

호민관은 이 상황을 불쾌하게 여겼다.

"저희 명령을 무시한 채 막사로 들어가려는 무식한

노예 년을 체포했습니다."

"악시우스, 왜 백부장을 화나게 했는지 말해보게."

호민관이 아피우스가 서 있는 쪽으로 이동했고 다른 두 선임 병사가 다가가 다친 병사를 붙들었다. 그는 피를 멈추게 하려는 듯 주먹을 쥐고 있었다. 그의 얼굴은 고통으로 일그러졌고 피는 여전히 흘러내려 옷을 적시고 다리 사이로 흘렀다.

명예를 위한 결투

악시우스와 아피우스는 수치 대신 명예를 얻기 위해 결투를 한 것이다. 고대 근동 사회에서는 명예는 쌓고 수치는 피하는 것을 최고의 가치로 여겼다. 그래서 명예에 훼손이 될 것 같으면 수단과 방법을 가리지 않고 자기 뜻을 밀고 나갔다.

이 이야기에서 악시우스는 고위층이 지켜보고 있다는 것을 이용하여 아피우스와 겨루어 명예를 쌓기를 원했다. 잘만 하면 진급의 기회도 노릴 수 있었다. 한때 수석 백부장이었던 아피우스는 총독을 보좌하는 일을 맡은 터라 자신의 명예를 지켜야만 했다. 게다가 하급자가 상관에게 불복종하는 것은 절대 용납할 수 없으며 아피우스에게 수치가 된다. 만일 이 상황에서 아피우스가 물러난다면 그것은 단순한 수치가 아니라 자기 경력이 바닥에 떨어지게 된다. 따라서 아피우스는 자신의 명예를 지키고 수치를 당하지 않기 위해 병사를 죽여야만 했다.

그러나 아피우스는 지혜롭게 처신했다. 죽이기보다 상처만 입히는 자비를 베푼 것이다. 오히려 그것이 병사에겐 더 큰 수치심을 안겨 줄 것이고 아피우스 자신의 명예가 더해질 것이다.

또한 로마 사회는 제한된 선(limitcd good)과 제한된 명예(limited honor)를 신봉했다. 아피우스와 악시우스가 명예를 위해 싸우긴 했으나 더 좋은 해결책은 결투하기 전에 서로의 명예를 존중하는 것이다. 그리했다면 두 사람 모두 명예를 지키고 수치를 당하지 않았을 것이다.

단지 리비아 때문에 소동이 일어난 것이 아니다. 아피우스가 나선 것은 그가 리비아를 사랑했기 때문이 아니다. 리비아는 아피우스의 소유물일 뿐이다. 그런데 병사는 이 모든 사실을 알면서도 여자를 이용하여 의도적으로 아피우스를 망신을 주려고 했다. 따라서 아피우스는 리비아가 아니라 자기 자신을 보호한 것이다.

"그분을 알아보지 못했습니다."

"총독이랑 얘기할 때 그 자리에 있었잖나? 그분이 이 지역에서 어떤 역할을 하는지를 들었을 텐데? 그리고 백부장 제복을 입고 있었잖나? 우리 군단 소속은 아니더라도 계급을 무시해서는 안 되지. 그런 것쯤은 알고 있어야 하지 않나?"

"죄송합니다. 각하."

"의무실에 가봐. 백부장이 귀관을 죽이지 않은 것 만해도 운이 좋은 줄 알게. 귀관에게 자비를 베푼 거네. 아니라면 자넨 이미 저기 바닥에 쓰러졌을 거야. 카르타르의 악시우스, 오늘 재수 없는 날이라 생각해. 가봐."

호민관은 아피우스에게 다가오다가 근처에 서 있던 툴루스와 리비아도 봤다.

"떠날 채비를 하시오. 5일 이내에 떠나시오."

호민관은 가능한 한 빨리 소동을 끝내고 싶어 하는 것 같았다. 그가 아피우스 편을 들긴 했지만, 다른 한편으로는 이 소동으로 인해 자신의 평판에 손상이 갔다고 생각했다. 아피우스가 왜 하찮은 여자 노예 하나 때문에 그런 위험을 감수하는지 도저히 이해할 수 없다는 표정이었다. 툴루스는 호민관의 표정을 보고 그 속내를 짐작했다. 아피우스는 호민관의 말에 알겠다는 듯 고개를 끄덕였다. 그에게 패한 병사가 저만치 어깨를 축 늘어뜨린 채 정문으로 들어가는 것을 지켜보았다. 그는 이 일로 인해 백부장이 될 수 없으리라. 아피우스가 이미 자기 이름과 얼굴을 알아버렸고 평생 잊지 않을 것이기 때문이다.

툴루스는 비로소 몸을 굽혀 리비아를 일으켰다. 그리고 다친 곳은 없는지 살펴봤다. 그녀는 코앞에서 벌어진 소동으로 정신이 나간 듯 보였다. 아피우스는 리비아와 툴루스를 재빨리 살펴보았다. 리비아는 아피우스의 눈에 스쳐 가는 질투심을 재빨리 읽었다. 그래서 얼른 툴루스로부터 떨어져 옷의 먼지를 털어내고 머리 모양을 다듬었다.

아피우스, 헤롯을 만나다

지역 행정관들은 몇 주에 걸쳐 배치할 인력을 준비해 왔다. 갈리카에서 아피우스를 받아달라고 요청했을 때 아피우스가 오면 골칫거리들을 다 그에게 떠맡겨야겠다고 생각했다. 예컨대 갈릴리에 백부장을 파견할 때도 군이 자기네 식구들을 보낼 필요가 없게 된 것이다. 가이사랴의 백부장들은 그 누구도 갈릴리에 가는 것을 원치 않았다. 그러나 갈릴리 지역에 대해 아무것도 모르는 아피우스는 명령에 거절할 이유가 없다. 또한 아피우스에게 군이 그곳 잔류부대의 기강이나 불신에 대해 알려줄 필요도 없었다.

출발 당일, 로마군 마차 두 대엔 짐이 가득 실렸다. 가이우스는 진지에서 다른 식솔들과 함께 정오에 출발할 준비를 했다. 툴루스도 함께였다. 한편 아피우스는 총독이 파견한 병사들과 막사에 함께 있었다. 기병 15명이 가버나움까지 호위할 것이다. 마차 3대에 병사용 대형 천막, 연장, 식량, 여분의 무기가 실렸다. 아피우스와 함께 출발할 병사들은 경험이 없는 젊은이들이었다. 그 가운데는 군단에 들어가고 싶어 하는 사람들이 있었는데, 아피우스 밑에서 근무하다 보면 갈리카에 자리 하나쯤 얻을 수 있지 않을까 기대했다. 사디스의 마르쿠스는 군단 경험이 있어서 아피우스의 부관 겸 개인 경호를 맡았다. 마르쿠스는 툴루스와 비슷한 점이 많았다. 글을 알고 사려 깊은 성품이었다. 한편으로는 아피우스의 청년 시절과 닮아 성격이 급하고 거칠었다. 마르쿠스는 아피우스와 결투를 벌였던 악시우스와 진급 동기였고 같은 초소에 근무했다. 마르쿠스는 악시우스를 잘 알고 있다며 그는 상당히 거친 친구라고 아피우스에게 털어놨다. 백부장으로 진급하는 것이 악시우스 평생의 꿈이었는데 이제 그 꿈이 사라진 것 같다고 말했다.

"그 친구가 벼르고 있을 겁니다. 아피우스. 절대 그냥 넘어가지 않을 겁니다."

아피우스의 일행과 가이우스가 이끄는 식솔의 마차가 가이사랴에서 북쪽 큰길에서 만났다. 이 길은 도시 수로를 따라 어느 정도 이어지다가 산지에 이르러 두 길로 나뉘었다. 북쪽을 향한 깊은 계곡을 따라가다가 동쪽으로 방향을 틀었다. 저 멀리 구릉 위로 갈릴리의 행정수도 세포리스가 보였다. 이제 아피우스는 이 지역 유대 통치자와 만나게 될 것이다. 모두 잠시 멈춰서서 옷매무새를 다듬고 긴장했다.

비아 마리스

아피우스는 비아 마리스를 지났다. 비아 마리스는 라틴어로 '해변 길'이란 뜻이다. 이 길은 수 세기 동안 사용된 고대 무역로였다. 다마스쿠스의 사막 고지대에서 연안 지역이나 해안가나 이집트로 갈 때 주로 사용되었다. (역자주: '블레셋 사람의 땅의 길'(출 13:17)로도 불림.) 가버나움은 바로 이 도로와 접하고 있기에 세금 징수에 매우 효율적인 지역이다. 1세기에 로마인은 이미 이 도로의 가치를 알고 무역로에 걸맞게 도로를 보수하고 확장했다.

아피우스가 만날 유대 통치자는 바로 헤롯 안티파스였다. 그는 유서 깊은 유대인 가문 출신으로 부친 때부터 그 지역을 통치했다. 도시에서 이목을 끄는 건물들은 대부분 그가 건축한 것이었다. 마르쿠스는 헤롯 안티파스가 통치자로서는 적합지 않은 인물이라고 말했다. 30년 전 부친이 사망한 후 형과 함께 왕국을 분할하여 물려받았다. 형은 사마리아, 유대, 이두메아를, 안티파스는 서부 갈릴리를 물려받았다. 공공건물과 수로는 전형적인 기획도시인 세포리스의 랜드마크이다.

헤롯 안티파스

　로마인은 이두메아 남쪽 사막 출신인 부호 안티파테르(또는 안티파스)의 도움을 받아 로마 식민지를 건설했다. 안티파스는 아랍 사이프로스와 혼인하여 4명의 아들(파사엘, 헤롯, 요셉, 페로라스)과 딸 하나(살로메)를 두었다. BC 40년 로마 원로원에서 안티파스의 장남, 헤롯(이름에 "대왕"이란 칭호를 붙임)을 이 지역의 왕으로 선포했으나 BC 37년이 돼서야 로마 군대의 도움으로 지역을 통치할 수 있었다.

　헤롯 대왕에겐 아내와 자녀가 여럿이었다. 그 자녀들이 자신을 배반하지나 않을까 늘 전전긍긍했다. 그래서 일단 말스레이스라는 사마리아 여인이 낳은 막내아들 안티파스(조부의 이름을 따서 지음)를 후계자로 세우려고 했다. 이렇게 함으로써 안티파스는 형 필립과 아클라우스(모두 예루살렘의 클레오파트라에서 태어남)을 따돌렸다.

　BC 4년 헤롯이 죽자 로마는 안티파스에게 왕권을 주지 않고 유언장을 바꿔 세 아들에게 지역을 분배했다. 로마에서 헤롯의 유언을 놓고 열띤 논의가 벌어졌다. 저마다 자신에게 유리하도록 영향력을 행사했다.

헤롯의 누이, 살로메는 아우구스투스 황제의 아내 리비아를 자기편으로 끌어들였을 뿐 아니라 황제에게 아클레우스가 충성을 다할 것이라며 설득했다. 그녀의 노고를 위로하는 뜻으로 아우구스투스는 은화 5십만 개와 6개의 유대 도시의 세수를 그녀에게 수여했다. 그녀는 유대에서 자신의 부와 야망을 키워갔다.

이복형이 로마에 대한 유대의 공식 대표자가 되는 바람에 어린 안티파스는 그 밑에서 갈릴리 서부를 통치하게 되었다(다른 형 필립은 갈릴리 동부를 다스렸다). 안티파스는 페레아로 불리는 요단강 동쪽에 인접한 땅을 물려받았다. 하지만 형에게 수여한 왕이라는 칭호에 대해 로마에 이의를 제기했다. 이 작전이 성공을 거두면서 형제간에 갈등이 첨예하게 드러났다.

복음서에 등장하는 이야기처럼 안티파스는 페레아의 남부 지역에서 세례 요한을 직접 만났다. 세례 요한은 안티파스가 형의 아내인 헤로디아와 결혼한 것을 비난했다(막 6:18-29 참조).

그 무렵 예수와 요한에 대한 소문이 함께 나돌았다. 예수는 세례 요한과 동시대에 사역했지만 요한이 잡히자 요단강 지역을 떠나 갈릴리로 이동하였다.

복음서에도 기록되었듯이 안티파스는 그 당시 나도는 소문과 예수에 대해 들었을 것이다. 특히 "세례 요한이 죽은 자 가운데서 살아났도다. 그러므로 이런 능력이 그(예수) 속에서 일어나느니라(막6:14)"와 같은 소문을 헤롯에게 전하는 사람도 있었을 것이다.

아피우스는 안티파스의 궁을 보고 그 화려함과 웅대함에 입이 딱 벌어졌다. 헤롯은 자신의 부와 지위를 한껏 과시하려는 것 같았다. 아피우스 일행은 세포리스에 있는 로마군 진영에서 묵기로 했다.

아피우스는 세포리스 관할 로마군 사령관을 만났다. 그는 안티파스의 권력욕이나 그의 영향력 등 아피우스가 가버나움에서 지낼 때 도움이 될만한 것들을 이야기했다. 사령관은 헤롯이 맘에 들지 않는다고 솔직하게 털어놨다. 헤롯을 탐탁하게 여기지 않는 사람들이 한둘이 아닌 듯했다.

최근 가장 큰 논란거리가 있다면 요한이라 불리는 유대 선지자와 각을 세운 것이다. 요한은 안티파스가 형의 아내와 결혼하기 위해 자신의 젊은 아내를 버린 것을 집요하게 비난했다. 요한의 입을 막으려고 안티파스는 요한을 옥에 가두었다가 결국 죽여버렸다. 그렇다고 사태가 잠잠해지지는 않았다. 유대 전역의 요한의 추종자들이 들고일어나 안티파스를 심판하라고 외치고 있었다.

또 새로운 선지자가 나타났는데 그는 안티파스가 죽인 요한이 다시 살아난 것이라는 소문이 돌았다. 그 새로운 선지자는 요한과 닮은 점이 많으며 현재 갈릴리를 거점으로 활동하고 있다. 안티파스는 그를 몹시 경계했다. 안티파스는 아피우스에게 유대 선지자라는 인물을 특별히 조심해야 한다고 귀띔했다.

갈릴리의 새 수도 세포리스

비아 마리스는 유대 지역을 관통하는 주요 무역로이
다. 갈릴리에는 아름다운 베이트 네토파 골짜기가 있다.
세포리스는 이 계곡에서 유난히 돌출된 언덕 위에 서 있
다. 요세푸스는 이 도시를 갈릴리를 아름답게 꾸며주는
장식품과 같다고 묘사했다.

세포리스(히브리어로 지포리)는 BC 4년에 전쟁으로
파괴되었으나 BC 3년 안티파스가 재건함으로써 갈릴
리의 "장식품"이라는 이전 명성을 회복했다. 후에 안티

이미지 6.1 세포리스의 전경

파스는 새로운 수도로 갈릴리 바닷가 도시 티베리우스를 새로운 수도로 정했으나 관료들은 세포리스와 티베리우스 양쪽에 모두 거주했다.

헤롯 안티파스는 티베리우스를 새 수도로 건립하기 전까지 세포리스에 거주했다. 복음서에는 세포리스에 관한 언급이 없다. 그러나 학자들에 의하면 세포리스는 예수 생전에 건설되었으므로 예수와 예수의 아버지 요셉은 목수로서 건설 현장에서 일했으리라 추측한다. 세포리스에서 나사렛까지는 도보로 한 시간 반 정도의 거리이다.

헤롯의 보좌진 가운데 그 아내들이 예수를 따르고 필요한 경비도 댄 것으로 추측한다. 누가는 다음과 같이 기록한다.

"그 후에 예수께서 각 성과 마을에 두루 다니시며 하나님의 나라를 선포하시며 그 복음을 전하실새 열두 제자가 함께하였고 또한 악귀를 쫓아내심과 병 고침을 받은 어떤 여자들 곧 일곱 귀신이 나간 자 막달라인이라 하는 마리아와 헤롯의 청지기 구사의 아내 요안나와 수산나와 다른 여러 여자가 함께하여 자기들의 소유로 그들을 섬기더라"(눅 8:1-3)

요안나는 남편 구사와 세포리스에서 살았을 것이다. 막달라 마리아와 함께 요안나도 예수의 놀라운 은혜로 치유 받았다.

지난 수십 년 동안 많은 발굴이 진행되었기에 오늘날 관광객들은 이 고대 도시의 화려한 옛 모습을 볼 수 있다. 4천여 개의 객석이 있는 극장, 수많은 공공건물, 콜로네이드 거리, 수많은 거주민 등을 통해 고대 세포리스의 부와 명성을 확인할 수 있다. 유적을 통해 고대 유대인의 생활을 엿볼 수 있다. 특히 유대인이 사용했던 정결 욕조(미베크:회당에 들어가기 전에 몸을 정결케 하기 위한 곳), 돌그릇 등과 관련된 유대 종교의식이 '현대'의 풍습과 맥을 같이 함을 알 수 있다.

갈릴리의 가나

키르베트 카나는 아랍인들의 마을이다. 수 세기 전부터 성지 순례자들이 이곳을 지났다. 요한복음 2장의 물이 포도주가 되는 기적이 일어난 신약 성경의 장소라고들 말하기 때문이다. 하지만 이것이 사실인지에 대해서는 이의를 제기하고 있는 사람이 많다. 그 이유는 세포리스 바로 북쪽에서 또 다른 유적지가 발견되었는데, 최근 연구를 토대로 그곳을 성경에 등장하는 가나로 추정하기 때문이다. 지금도 고고학자들은 남은 유적지를 계속 발굴해나가면서 어느 주장이 맞는지 알아내려고 애쓰고 있다.

다음 날 아침, 아피우스 일행은 세포리스를 출발하여 구릉을 몇 개 지나 평지로 내려왔다. 필요한 물품을 공급받은 후 기니 마을을 지났다. 그리고 가파른 절벽 사이를 급하게 내려오니 거대한 내륙 바다, 티베리우스 바다가 보였다. 해안가를 따라 마을이 산재했다. 앞으로 아피우스는 이들의 상거래와 조세를 감독해야 한다.

티베리우스 해안을 따라 북쪽으로 계속 이동하면서 막달라라는 마을을 지나, 드디어 호수 북쪽 가에 있는 가버나움에 도착했다. 아피우스는 앞으로 해안가 마을들과 친숙해질 것이다. 마을 정경은 아름다우면서도 불

이미지 6.2 갈릴리 아벨산

길함이 감돌았다. 활동을 멈춘 화산에서 나온 검은 돌로 지은 집들이 곳곳에 있었다. 티베리우스 바다의 북쪽 해안에 이르렀을 때, 아피우스는 검은 돌이 기분 나쁘다는 이야기를 수없이 했다. 어둠이 이 땅을 지배한다는 신들의 경고라도 되는가? 이래서 가이사랴 사람이 여기 오길 꺼렸던가? 이곳에 새로이 자리 잡는 것을 신들도 꺼리는 건가? 아피우스는 갈릴리의 아름다움에 열광했다가 금세 신중해졌다.

이전에 세포리스의 로마 순찰대가 가버나움에 파견된 적이 있으나 오래 머물지는 않았다. 그러나 그때와는 달리 이곳 상황이 심상치 않았으므로 아피우스와 45명의 로마군이 이 마을로 이동 중인 것이다.

막달라

지난 십 년 동안 갈릴리에서 매우 중요한 발굴이 행해졌다. 2004년, 예루살렘의 그 유명한 교황청 노트르담 연구소는 예루살렘의 노트르담과 비슷한 가톨릭 피정센터를 갈릴리에 세우려고 했다. 가톨릭 지도부는 갈릴리 해안을 따라 티베리우스 북쪽 지역 약 8만 ㎡ 부지에 해당하는 4개 장소에서 건설작업을 시작했다. 이곳은 유대인들이 '미갈'으로 아랍인들은 '알-마즈달'로 부른다. 모두 고대의 막달라를 기념하는 이름이다.

이미지 6.3 막달라에서 발견된 배의 모습이 담긴 모자이크

대지를 매입해서 작업을 시작하던 중 생각지도 못한 유적이 발굴되었다. 불과 몇 피트 아래에 1세기의 도시 막달라(막달라 마리아의 고향; 마27:56, 막 15:40, 눅 8:2)가 묻혀 있었다.

갈릴리호 인근 마을인 이곳에서는 생선을 사고팔았다. 히브리어 미갈의 어원은 "탑"이다. 생선을 소금에 절여 보관하는 생선 탑이 있었기 때문인 듯하다. 그 당시엔 이렇게 해야만 바다 먼 곳까지 안전하게 수송할 수 있었다.

현재 막달라는 학자와 순례자들의 요구를 모두 충족시킬 수 있는 고대 유적 보존법의 모델이 되어가고 있다. 이미 고고학자들은 상태가 아주 좋은 1세기 회당을 발견했다. 이 회당의 선명한 모자이크와 멋지게 칠해진 벽이 온전히 보존되어 있다. 그 가운데 으뜸인 것은 이스라엘의 상징이라고도 할 수 있는 메노라(*유대교의 제식에서 쓰이는 7갈래의 촛대) 부조(浮彫)이다.

막달라 마을의 시장, 목욕탕, 저택과 항구가 모두 고스란히 발견되었다. 그뿐 아니라 이곳에 1억 달러를 투입하여 300명을 수용할 수 있는 피정 센터와 예수를 따르던 여인들을 기리는 초교파 예배당 건설 프로젝트가

진행 중이다. 이미 전 세계에서 천여 명의 자원봉사자가
이곳에 와서 발굴을 돕고 있다.

박달라 발굴사이트 주소:
magdalaisrael.wordpress.com/about

방문객을 위한 순례자 사이트:
magdalacenter.com

마르쿠스는 전령을 보내 아피우스와 그의 식솔들이 머물 곳을 준비했다. 그리고 병사들이 거주할 진영을 구축할 장소도 미리 물색했다. 만일의 경우를 대비하여 15명의 기병을 2인 1조로 나눠 마을 주변과 주요 도로를 돌며 보안 상태를 점검했다. 마을에 수상한 낌새가 전혀 없음을 확신하고 돌아왔다. 마르쿠스는 호수를 따라 마을의 바로 동쪽 건조지역에 진을 치는 것이 어떻겠느냐고 물었다. 물도 충분히 얻을 수 있고 주요 도로와 아주 가까웠다. 마르쿠스의 제안이 받아들여지자 병사들은 몇 시간에 걸쳐 진지를 구축하고 경계와 방어 작전을 수립하고 화장실 배수로 등을 만들었다. 아피우스는 진영을 살펴본 후, 그 정도면 된 것 같다고 말했다. 사실 진영이라고 하지만 야영지에 불과했다. 제대로 진

이미지 6.4 오늘날의 가버나움의 전경

영을 구축하고 방어 태세를 갖추기엔 인력이 턱없이 부족했다.

"마르쿠스, 우리가 살 집은 마련이 되었니?"

아피우스는 식솔들이 걱정되어 마르쿠스를 닦달했다.

아피우스의 새 터전

"마을 어귀에 있는 아담한 저택인데 유대 상인이 주인입니다. 탄탄한 벽으로 둘러싸였고 뜰도 괜찮아 보입니다. 가꾸지 않은 정원이 있고 방은 7개 있습니다. 괜찮은 조건으로 세를 주겠다고 합니다. 단 한 가지 조건은 절대 집 안에 우상을 들이지 않는 것입니다."

아피우스는 그 말에 의아하다는 표정을 지었다. 그러자 마르쿠스는 유대인은 로마와 그리스 신을 무시하기 때문에 그런 식으로 말한다고 설명했다.

"우상은 안된다고? 이 지역 유대인들이 타협을 모르는 것이 결국 우상 문제 때문인가?"

"그렇습니다. 필라투스 총독님도 이 문제로 여러 번 부딪친 것으로 알고 있습니다. 그들의 뜻을 받아줘야 할지 아닌지 잘 모르겠습니다."

"그러나 그것은 내 정체성을 포기하라는 말인데. 그럴 순 없지. 돈을 벌고 싶으면 내 뜻을 따라야 한다고 말하게. 아니면 다른 곳을 알아본다고."

아피우스는 라바나에서 여러 개의 아폴로 상을 가지고 왔다. 그 가운데 다수는 고향 아탈리아에서부터 가지고 있던 것이다.

"우상들이 집을 불결하게 만든다고 생각하기 때문에 집을 빌려주길 꺼릴 겁니다."

"불결하다니? 난 불결한 것과 거리가 머네. 사실 가이우스는 집을 말도 못 할 정도로 깨끗하게 한다네."

"그들의 율법적 관점에서 볼 때 불결하다는 말입니다. 먼지와는 아무 상관 없습니다. 어떤 유대인은 시체나 특정 음식, 이방신, 심지어 이방인과 접촉하면 불결해진다고 믿습니다. 그래서 정결하게 하려고 몸을 씻습니다."

마르쿠스가 아피우스에게 그러한 조언을 하는 것으로 보아 나름대로 공부했음이 틀림없었다.

"또한 음식과 관련된 규율도 많습니다. 포도주와 관련한 규율은 없습니다. 날파리가 포도주잔에서 수영하도록 놔두지만 않는다면 말입니다."

마르쿠스가 농담조로 말하며 웃었다.

"포도주는 원하는 대로 얼마든지 드실 수 있다는 말입니다. 이곳에 좋은 포도주가 많이 있습니다. 무자라도 문제없습니다. 여기서 라바나까지 멀지 않으니 가서 사 오면 됩니다."

아피우스의 결정은 확고했다.

"가이우스가 항상 그랬듯이 집을 정돈할 거네. 갈리카로부터 그 누구도 맞아들이지 않을 거네. 내가 유대 지역을 정찰한다는 것도 드러내지 않을걸세. 그리고 유대 지도자들에게 전하게. 내 눈에 들고 싶으면 내가 하는 대로 내버려 두라고. 아마 그들은 몸을 자주 씻어야 할 거야. 불결한 나랑 계속 부딪힐 테니. 아마 이 지역이 갈릴리에서 제일 깨끗한 마을이 되겠군!"

아피우스에겐 유대인의 정결 의식이 매우 흥미로웠음이 틀림없다. 유대인 상인은 아피우스의 뜻을 바로 받아들였다. 이 로마인들은 이전에는 보지도 못한 큰돈을 마을로 끌어들일 것이라는 점을 놓치지 않았다. 가버나움은 작고 가난한 동네이다. 그나마 로마인들이 가까이에 있으면 돈이 들어온다. 비록 그들과의 접촉으로 인해 불결하게 되지만 말이다. 이 정도면 타협할만한 가치가 있었다.

티베리우스 바다

티베리우스 바다를 갈릴리 바다라고도 불렀다(요 6:1
참조). 안티파스는 티베리우스에 새로운 수도를 건설했
다. 당시 로마 황제인 티베리우스의 이름을 딴 아름다
운 호반 도시였다. 얼마 후 호수 이름도 티베리우스로
불리게 되었다. 오늘날 이곳엔 같은 이름의 번성한 도시
가 자리 잡고 있고 도시 남쪽 진입로 인근에서 수많은
고대 유적을 볼 수 있다.

바다는 길이가 남북으로 약 21km이고 폭은 동서로
11km이다. 요단강 줄기에 있는 호수로 해수면보다
200m 정도 낮다. 요단강은 북쪽에서 흘러 남쪽으로 빠
져나간다. 따라서 티베리우스 호수는 담수호로서 이 지
역의 어장으로 엄청난 가치를 지니고 있었다.

가이우스는 마차를 몰고 곧장 빌라로 가서 종들에게 필요한 짐들을 모두 내려놓으라고 명령했다. 고칠 곳은 없는지 집안을 두루 살폈다. 소박한 집인 것은 분명했다. 뜰 한 가운데에 분수대가 있었지만, 물도 말랐고 엉망이었다. 옆에 있는 정원도 내버려져 있었다. 분수대부터 손봐야겠지만 그런 것은 나중에 해도 충분했다. 담벼락은 회칠만 한 상태였고 집 안 실내장식도 우중충했다. 가이우스는 이곳을 안락한 처소로 만들고 싶었다. 그래야 식솔들이 편안하게 지낼 수 있다.

무엇보다 아피우스가 기분이 좋아야 했다. 그래야만 아피우스가 진영보다는 집에 더 머물기를 원할 것이고 그렇게 되면 가정에 더 신경을 쓸 것이기 때문이다. 가이우스는 식솔을 챙기는 아피우스의 헌신이 허사가 되는 것을 원치 않았다. 자칫하면 툴루스와 리비아가 모든 것을 망칠 수 있었다. 그 두 사람은 서로 어색한 침묵을 고수하고 있다.

가이우스는 사야 할 물품 목록과 방 배정은 어떻게 해야 할지 궁리하기 시작했다. 보안상 정문은 당장 고쳐야 했다. 병사 두 명이 연장을 가지고 와서 즉시 대문의 경첩을 고치고 걸쇠를 설치했다. 곧이어 마을 주민이 저택 근처에 모여들었다. 노동력이든 물건이든 팔 수 있는 것은 다 팔기 위해서이다. 이 마을은 몹시 가난했다. 이처럼 많은 은을 받으며 거래를 하는 것은 아주 오랜만이었다.

툴루스는 자기가 제일 잘 할 수 있는 일을 통해 집 단장을 돕기로 했다. 특히 아피우스가 필요할 때면 언제든지 와서 툴루스에게 편지를 읽고 쓰는 것을 부탁할 수 있게끔 방을 꾸몄다. 리비아가 어느 방을 고를지는 불 보듯 뻔했다. 틀림없이 작은 앞뜰과 분수대로 이어지는 맨 끝 가장 큰 방이다. 리비아는 자신과 아피우스를 위해 이 방을 택했다.

툴루스는 뜰 가운데를 지날 때마다 리비아의 방을 바라보았다. 이제 툴루스는 그녀 가까이 갈 수 없다. 한때 그녀가 손을 내밀기도 했으나 지금은 한낱 꿈이 되고 말았다. 다시는 그런 기회가 오지 않을 것이다. 게다가 아피우스가 꼬박꼬박 집에 왔기 때문에 툴루스는 더욱더 조심해야 했다. 툴루스는 리비아에 대해 무심한 척 애썼으나 마음의 열병은 더욱 깊어졌다.

가이우스는 리비아의 임신을 좋은 징조로 여겼다. 한 가정에 아이가 태어나면 그것은 신들의 풍성한 축복이 임하는 것으로 해석했다. 심지어 가이우스는 그 지역을 다니는 오라클(신들의 대답, 즉 신탁(神託)을 전하는 사제)에게 돈을 주고 예언을 부탁하기도 했다. 리비아의 임신은 틀림없이 모든 일이 잘 풀릴 것이라는 신들의 표적이고 징조라고 확신했다. 신탁의 말로는 신들이 아피우스 가정의 모든 사람에게 만족하고 있다고 말했다.

　그런데 오라클은 순간적으로 움찔했다. 그러더니 어둠은 곧 지나간다는 말로 얼버무리고 좋은 말만 늘어놓았다.

아피우스를 호위했던 가이사랴에서 지원 병사들은 일주일도 채 안 되어 돌아갔다. 나머지 소규모 부대는 가버나움 외곽에 주둔히기로 혰다. 그러나 아피우스는 사기 빌라에 머물기로 했다는 것을 가이우스는 알아챘다. 그래서 가이우스는 애정 어린 마음으로 새집을 꾸몄다. 미술품들을 늘어놓으며 흐뭇해했다.

가이사랴에서 눈여겨보았던 조각상을 사서 뜰 한 가운데 놓았다. 그것을 판 상인은 그것이 로마에서 가져온 복제 걸작품이라 했다. 사슴 한 마리가 5마리의 사냥개로 부터 무자비하게 공격당하면서 필사적으로 버티는 모습을 조각한 것이다. 아피우스는 이 조각상을 좋아했다. 그러나 툴루스는 그 조각상이 전혀 맘에 들지 않았다. 그리고 폭력을 통해 위안받으려는 로마인의 기질이 자신과는 맞지 않아 불편했다.

오라클

그리스인과 로마인은 신들이 인간사에 직접 개입한다고 믿었다. 인간의 소원을 들어주기도 하고 심판을 하기도 했다. 오라클은 '말하다'라는 뜻의 라틴어 '오라르'에서 온 말이다. 오라클은 사원에 머물면서 신들에게 묻고 답을 들었다. 고대 세계에서는 델피 사원의 오라클이 가장 유명했다.

오라클 외에 신의 뜻을 분별하는 아우구르(새점관: 새가 소리나 나는 모습을 관찰하여 신의 뜻을 알아내는 공직자)가 있었다. 아우구르는 새의 나는 모습을 관찰해서 신의 뜻을 해석했다. 고대 로마 시대에서는 아우구르와 상의해서 주요 결정을 내렸다. 나는 새는 하늘 높

이미지. 7.1 아우구르가 새점관의 상징인 구부러진 지팡이를 들고 나는 새를 관찰하고 있다

이 날기 때문에 신이 있는 곳과 가깝다고 생각했다. 그래서 새가 나는 모양이나 소리로 신의 뜻을 헤아렸다. 새를 자세히 살피는 것을 "오스픽스"(리틴어로 "새 관찰하기"라는 뜻)를 통해 길조와 흉조가 가려졌다.

리비아의 임신이 틀림없는 사실이라고 가이우스는 생각했다. 무엇보다 아피우스는 리비아의 곁을 떠나질 않았다. 아마도 리비아의 임신을 기뻐하는 듯했다. 그렇지 않았더라면 유산을 강요했을 것이다. 기뻐하는 아피우스를 보고 리비아도 마음을 놓았다. 리비아의 임신은 식솔들을 보살피는 아피우스와 식솔 모두에게 선물이고 보답이었다.

태어날 아기를 기대하는 리비아의 모습을 보고 툴루스는 리비아를 향한 자신의 감정을 재확인했다. 가이우스는 이러한 사실을 이미 알고 있었고 아피우스는 긴가민가하는 상태였다. 그러나 툴루스는 현실을 받아들여야 했다.

'리비아는 아피우스의 여자다. 그녀는 아피우스의 아이를 잉태하고 있다.'

대신 툴루스는 리비아가 아피우스에게는 할 수 없는 말들을 들어주는 친구가 되었다.

툴루스는 가버나움의 유대인 지도자들과의 대화와 타협에 익숙하지 않은 아피우스를 도와 양측의 중재인 역할을 하게 되었다. 사실 아피우스가 부상만 당하지 않았어도 이런 일은 하지 않았을 것이다. 아피우스는 군인이 아니던가. 아피우스는 군단에 계속 머물기를 바랐다. 그러나 그 바람은 묵살되고 생각지도 않은 일을 하게 되었다. 그러나 아피우스는 이런 일을 통해서라도 황제를 섬길 수 있다는 것을 다행으로 여기고 마음을 추슬러갔다.

가버나움에는 두 부류의 유대인이 있다는 것을 툴루스는 파악했다. 우선 장로로 불리는 종교 지도자와 세리였다. 원래 세리(세금 징수원)는 대다수가 로마시민이었으나 속국의 주민에게 세금 징수권을 팔기도 했다. 이들은 아피우스로부터 신뢰를 얻고 로마당국과의 관계를 트려면 아피우스의 신뢰를 받고 있는 툴루스를 거쳐야 한다는 것을 알고 있었다. 로마인 세리들은 주로 세포리스에 살고 있었기에 유대인 세리를 고용해서 이 지역을 관리하게 했다.

실질적으로 유대 장로가 마을을 다스리고 있었다. 가버나움에 온 지 한 달도 채 못되었을 때, 유대 장로 일행이 툴루스와 마르쿠스가 머무는 아피우스의 집으로 찾아왔다. 덥수룩한 수염, 긴 머리, 독특한 유대인 복장을 한 노인들이었다. 툴루스는 그들의 모습이 우스꽝스럽다고 생각했다. 그들은 툴루스가 자라난 에메사 마을을 떠올리게 했다. 툴루스는 아피우스와 함께 지내기 시작하면서 어느새 '로마화'가 되어가고 있었다. 머리는 짧게 자르고 수염은 기르지 않고 토가를 입었다. 리비아의 도움으로 유행에 맞춰 옷을 입었다.

"이곳에 오신 것을 환영합니다. 평화가 임하기를."

장로들 가운데 제일 나이가 많아 보이는 사람이 먼저 인사를 건넸다. 그러자 나머지 3명도 인사를 했다. 그들은 헬라어로 이야기했는데 유대인 특유의 억양이 그대로 남아 있었다. 툴루스도 에메사에서 그리스 학교에 다녔기 때문에 그들의 말을 거의 알아들었고 애매한 부분은 눈치로 알아챘다.

가버나움

　가버나움(히브리어로 크파르 나훔, 또는 나훔의 마을)은 갈릴리 바다의 북쪽 해안에 있는 조그마한 어촌이었다. 거대한 담수호를 둘러싼 수많은 가난한 마을의 생활을 떠올리게 하는 이름이다.

　호수에서 담수가 솟아 나오기 때문에 물고기가 풍부하다. 갈릴리호숫가로 난 길을 따라가다 보면 그리스어로 헵타페곤이라고 새겨진 바위가 있다. 헵타페곤은 일곱 개의 샘이라는 뜻이다. 훗날 타브가로 바뀌었다.

　주민들은 매일 그물로 고기를 잡은 후 항구 근처 보

이미지 7.2 1986년 갈릴리 바다 개펄에서 발견된 1세기 작은 어선의 잔해

관하는 양어지에 보관했다. 최근에는 가뭄으로 해수면
이 낮아지면서 가버나움뿐 아니라 인근 다른 곳에도 항
구의 잔재가 발견되었다.

어느 해인가 이스라엘 키부츠 노프 지노사르가 호수
진흙 펄에 묻혀 있는 고대 어선을 발견했다. 깊이 있는
연구와 각고의 연구 끝에 어선을 복원하고 보존했
다.(jesusboat.com. 참조)

갈릴리 해안 마을 가운데 가버나움이 가장 중요했다.
갈릴리를 가로지르는 지역의 주요 도로는 가버나움을
관통한다. 그래서 이 지역은 매우 번화했고 세금이 많이
걷혔다.(마 9:9) 이 지역을 감독하기 위해 로마 군인(마
8:5-9) 외 행정관들이(요 4:46)이 파견되었다.

예수 역시 이 마을의 중요성을 알고 있었다. 나사렛을
떠나 갈릴리에서 사역할 때 가버나움을 근거지로 삼았
다. 마태복음 9:1에서 가버나움을 '본 동네(자기 동네)'
라고 말했다. 베드로와 안드레(이 마을의 바로 동쪽에
있는 벳세다 출신)도 이곳에 살았다(요1:44, 막1:29).
예수가 이 마을을 자주 드나들었기에 여기서 많은 기적
을 행했다.(막 2:1-12 참고) 그런데도 사람들이 믿지 않
자 이곳 사람들을 책망했다.(마 11:23).

가버나움은 아랍어로 '탈훔'이다. 이 지역은 거의 천 년 이상 버려져 폐허가 되었다. 그러다가 19세기 중반 베두인이 정착했다. 그런데 1894년 고대 회당으로 보이는 기념비적인 유적이 발견되었다. 그러자 같은 해에 성 프란체스코 수도회에서 이곳을 매입한 후 본격적으로 발굴을 시작했다. 이에 따라 1세기 때의 마을이 발굴되고 4세기의 회당도 일부 재건했다. 예수가 처음 병자를 치유한 이곳에 검은 현무암으로 지은 1세기 회당이 세워졌고 그 위에 다시 하얀 석회암 회당을 세운 것 같다.

유대 장로들과의 만남

"오실 줄 알았습니다. 뵙게 되어 반갑습니다."

유대 장로들은 이런저런 이야기를 하면서 환심을 사고 인맥을 만들기 위해 애를 썼다. 툴루스는 그들의 노력을 가상하게 생각했으나 마르쿠스는 별 감흥이 없는지 팔짱을 낀 채 서 있기만 했다.

"강도나 도둑들은 가버나움엔 감히 얼씬도 못 할 거요."

이 말에 툴루스는 물론 모두 웃음을 터뜨렸다. 그들 모두에겐 긴장을 풀어줄 만한 것이 필요하던 참이었다. 다만 마르쿠스만 그들을 무시하는 듯한 태도로 바라보았다. 툴루스는 이들 유대인을 거실이나 아트리움으로까지 데리고 갈 수는 없었다. 유대인들이 우상숭배를 얼마나 반대하는지 마르쿠스에게 이미 들었기 때문이다. 그래서 툴루스는 어색한 상황을 미리 방지하고자 애당초 권하지도 않았다. 그러나 정원을 지날 때 개와 사슴 조각상이 눈에 들어왔다. 무방비 상태로 허공을 향해 비명을 지르는 사슴의 목덜미를 개들이 물어뜯고 있는 형상이었다. 유대인 장로들 역시 그 조각상을 보고 끔찍하다는 표정을 지었다. 아마도 그들은 톨루스와 같은 생각을 하고 있을지도 몰랐다.

'로마인들이 하는 짓거리린, 쯧쯧. 이린 깃을 집안에 들여놓다니.'

더더구나 유대인들은 개를 부정한 동물로 여겼다.

"이곳에 거주하시는데 도와 드릴 것은 없습니까?"

"집도 진영도 다 마련했소. 하지만 더 나은 병사들의 숙소가 필요합니다."

마르쿠스는 병사들의 필요를 잘 알았고 오랫동안 주둔할 것이기에 주거 환경의 개선을 원했다.

"우린 몹시 가난하지만 방을 기꺼이 내줄 집이 있을 겁니다."

"우리가 떠날 때쯤에는 더 가난해질 겁니다."

마르쿠스가 농담조로 말했다.

"황제의 요구에 따라 살 곳을 결정할 것이오. 전적으로 협조할 수 있겠지요?"

그러자 모두 표정이 굳어졌다. 마르쿠스는 좀 더 상황을 분명하게 하려고 로마인은 손님이 아닌 정복자임을 확실히 했다. 어색하게 예의를 차리고 있던 장로들의 분위기가 냉랭해졌다.

"우리 땅에서 무엇을 하겠다는 거요, 젊은이!"

족히 70세 정도로 보이는 한 장로가 호기 있게 말했다. 백발 수염의 그 장로가 툴루스의 눈에는 예언자처럼 보였다. 그는 꼿꼿한 자세로 마르쿠스를 노려봤다. 툴루스는 그가 마르쿠스보다 키가 크다는 것을 알았다. 두 사람의 나이 차는 거의 40년 정도였다.

"우리가 당신네 땅을 삼키기라도 했단 말입니까?"

마르쿠스는 과장된 몸짓으로 으름장을 놓으며 장차 그들의 조력자가 될 장로를 몰아붙였다. 툴루스는 자칫하면 사태가 심각하게 될지도 모른다고 생각했다.

사슴과 개

이 로마 조각상은 AD 79년 베수비오 회산이 폭발할 때 폼페이와 함께 파묻혔던 로마 도시 허큘라네움 유적에서 발견되었다. 조각가의 예술적 기교와 함께 잔인한 이미지가 충격을 준다. 로마인은 이렇게 잔혹하고 끔찍한 조각상을 장식품으로 사용하는 것을 크게 개의치 않았다.

유대 문화가 그러하듯 유대 장로들은 개를 불결한 동

이미지 7.3 개에게 공격당하는 사슴. 1세기 로마 조각상

물로 여겼다. 그 당시 개는 애완동물이라기보다 쓰레기나 뒤지는 불결한 동물로 인식되었다. 예수나(막 7:6, 15:26) 바울(빌 3:2; 비교 벧후2:22; 계22:15) 역시 부정적으로 인식하고 있었다. 아피우스의 정원에 이처럼 개의 폭력적인 조각상이 놓인 것에 대해 유대 장로들은 충격을 받았다.

"외람된 말씀이지만 이 땅의 주인은 하나님이십니다."

툴루스는 장로의 담대함에 놀랐다. 그의 목소리엔 힘이 담겨있었다. 마치 청중에게 연설이라도 하는 듯한 당당한 말투였다. 그는 젊은 로마 병사 마르쿠스를 한낱 풋내기로 보는 것 같았다. 툴루스는 감탄의 눈길로 바라보았다. 그에겐 두려움도 분노도 없었다. 또한 물리적인 위협도 하지 않았다. 그의 의지는 화강암처럼 견고했다.

"그동안 이곳을 장악하기 위해 많은 군대가 왔었지만 성공하지 못했오. 아마 성가시고 난감할 것이요. 그러나 이곳에 있는 동안은 대환영이요."

장로는 마르쿠스의 날 선 시선을 전혀 개의치 않았다. 말을 꺼낸 김에 할 말을 다 했다. 그동안 사람들은 미동도 하지 않았다. 한 자락 바람에 장로가 입은 옷이 펄럭였을 뿐이다. 장로의 수염 또한 뻣뻣하게 굳어있는 듯했다. 이에 마르쿠스가 한마디 했다.

"당신들의 신을 인정할 수도 존중할 수 없소. 노인장, 주위를 둘러보시오. 당신들의 신은 패배했고 우리의 신은 승리했소."

마르쿠스의 말로 모두의 심기가 불편해졌다. 특히 툴

루스는 마음이 영 편치 않았다.

도대체 마르쿠스는 무슨 생각으로 저런 말을 하고 있지? 자기가 아피우스를 대변한다고 생각해서인가? 아니면 로마 제국을 대신해서?

마르쿠스의 관점이야 어떠하든 툴루스는 그의 말을 들은 사람들의 마음이 편치 않다는 것은 감지했다. 툴루스는 유대 장로들에게 연민이 느껴졌다. 동시에 마르쿠스에게 자신의 생명을 맡겨도 될지는 확신이 서지 않았다.

"우리는 천 년도 넘게 이 땅에 살아왔소. 그런데 자네는 언제 태어났나? 그리고 로마는 백 년 전만 해도 겨우 양 몇 마리 정도 노닐던 구릉이었잖는가?"

장로는 사소한 언쟁을 크게 키우려는 것 같았다. 툴루스는 말려야 한다고 생각했다. 미처 생각을 정리하기도 전에 마르쿠스를 보니 화가 머리끝까지 나서 한 대 내리치기라도 할 기세였다. 이런 외진 마을에서 로마 군단병 하나가 제멋대로 행동한다고 해서 일러바칠 사람도 없기에 그의 행동에는 거침이 없었다.

"왜 로마군이 이곳 가버나움에 계속 주둔하지 못하고 떠나는지 생각해봤소? 최근 이곳을 장악하려던 로마군들에게 무슨 일이 일어났는지 아시오? 당신들이라고 무사할 것 같소?"

유대 장로의 말에 긴장감은 고조되었다. 그는 마르쿠스를 도발하고 그의 반응을 주시하면서 역량을 가늠했다.

유대와 그리스 전쟁

BC 4세기 말, 알렉산더 대왕의 동방 원정과 함께 그리스의 유대 정복이 시작되었다. 알렉산더는 유대인들의 전통 종교를 인정해주었으나 일찍 사망했다. 그 뒤 유대인들은 이집트, 시리아에 이어 그리스의 통치를 받게 되었다. 우상을 강요하는 이방인들의 혹독한 통치가 이어지자 BC 2세기, 유대인들은 마카베오 전쟁으로 불리는 반란을 일으켰다. 마카베오(망치라는 뜻)라는 별명을 얻은 마티아스의 아들 유다가 반란을 주도했고 승리했다. 비로소 유대 독립왕조가 세워졌으나 72년 만에 내부 분열로 유혈사태가 이어졌다. 이러한 분쟁은 BC 63년 로마 장군 폼페이우스가 유대를 정복할 때까지 계속되었다.

이미지 7.4 알렉산더 대왕

툴루스의 비밀

"마을 구경을 할 수 있을까요?"

툴루스가 불쑥 끼어들었다. 생뚱맞다는 것은 알았으나 툴루스는 어떻게 해서라도 거북한 상황을 누그러뜨리고 싶었다. 그러자 잠자코 눈치만 살피던 다른 장로 3명도 툴루스의 제안에 동조했다. 마르쿠스와 연로한 장로는 여전히 신경전을 벌이고 있었다. 마르쿠스가 겉으로는 강해 보이려고 애썼지만, 실상은 그렇지 않다는 것을 장로는 이미 알아챘다. 그래서 장로는 마르쿠스를 존중하거나 두려워하지 않기로 했다. 그러나 장로가 마르쿠스보다 언변으로는 우위에 있었을지 모르지만, 유대는 여전히 로마의 식민지였다.

"정말입니다. 시장 구경을 하고 싶습니다."

툴루스는 너스레를 떨며 앞장섰다. 마르쿠스는 화난 얼굴로 툴루스를 쏘아봤다. 마르쿠스가 노리던 반격의 기회를 툴루스 때문에 놓친 것이다. 그래서 마르쿠스는 자기에게 맞서던 장로를 쏘아보고는 이내 로마군 병영을 향해 걸음을 옮겼다.

툴루스와 장로들은 아피우스의 집에서 그리 멀지 않

은 갈릴리 호수 해안 근처로 갔다. 그곳엔 각종 물건을 파는 노점이 즐비했다. 식료품, 직물, 공구. 인근 바다에서 그물로 잡아 올린 고기들을 보관하는 양어지가 있었다. 해안가에는 작은 어선 3척이 돌 닻에 묶여 정박해 있었다. 그들 앞에 큰 길이 나타났다. 가버나움에서 갈릴리 다른 동네로 가는 길이다. 아피우스의 집에서 나온 후 장로들의 태도는 많이 부드러워져 있었다. 그러나 툴루스는 생각했다. 이들은 로마를 싫어한다. 만일 로마군이 이곳을 통제하려 든다면 분명 가만있지 않겠지.

"이곳에 얼마나 오래 사셨나요?"

툴루스는 마르쿠스와 언쟁을 벌인 장로와 함께 앞서 걸어갔다. 가는 곳마다 사람들이 멈춰 서서 빤히 쳐다봤다. 반기는 표정이 아니었다. 가까이 다가서기를 두려워하고 되도록 거리를 두고 싶어 하는 것 같았다. 심지어 이들이 지날 때 자기 아이를 반사적으로 끌어당기는 여인도 있었다. 툴루스는 그들의 겁먹는 모습을 보면서 마음이 편치 않았다. 장로가 물가에서 멈춰서더니 툴루스의 질문에 대답했다.

"우리 가족은 여러 대에 걸쳐 가버나움에 살았지. 우리 조상은 로마군이 이곳에 오기 훨씬 전에 이곳으로

왔네. 예루살렘 내전을 피해서, 그러니까 예루살렘의 공
포에서 벗어나기 위해 온 거지."

"내전이라니요?"

"그리스가 물러간 후 예루살렘을 유대인이 통치했지.
이때가 유대 독립국가 시기라고 할 수 있어. 그런데 한
세대도 안 지나 내분으로 권력 다툼이 시작되었어. 그때
아버지는 우리를 이끌고 이곳 갈릴리로 왔네."

"그렇다면 로마군이 들어올 때까지 유혈 내전을 끝내
지 않았다는 말인가요? 로마가 예루살렘을 정복했다고
는 하나 전혀 정복한 것이 아니라는 말이 무슨 뜻인지
모르겠습니다. 로마군에게 예루살렘을 넘겨주었다는 것
은 또 무슨 말인가요?"

"자유와 안전을 바꾼 것이네. 그러나 그 대가가 어떤
지 보게. 로마와 통치자들이 우리를 약탈하고 우리의 미
래를 빼앗고 있지. 무엇보다 이 땅을 더럽히고 있어. 이
땅을 더럽히고 있다고!"

장로는 할 말이 많은 듯했다. 그러나 흥분을 가라앉
히며 애써 참았다. 그러다가 뭔가 불쑥 떠올랐는지 이렇
게 읊조렸다.

보소서, 주여. 그들을 위하여 그들의 왕 다윗의 아들을 세우소서. 당신이 아시는 시간을 위하여. 하나님이여, 당신의 종 이스라엘을 다스리도록, 불의한 지배자들을 치도록 그를 힘으로 띠 띠우소서. 멸망 가운데 짓밟는 이방인들로부터 예루살렘을 정화시키소서. 지혜로, 의로움으로, 유업으로부터 악한 자들을 쫓아내도록, 죄인들의 교만을 토기장이의 질그릇과 같이 산산조각 내도록, 그들의 모든 견고함을 철장으로 부서뜨리도록, 범법하는 이방인들을 그의 입의 말로 멸하도록 하소서.(솔로몬의 시편 17:21-24)[3]

장로는 잠시 멈추더니 이렇게 말했다.

"젊은이, 자네도 마치 로마가 당신 주인인 듯이 말하고 있지 않은가."

툴루스는 순간 얼굴이 붉어졌다. 툴루스는 걸음을 멈췄다. 자신도 모르게, 자신의 의지와는 달리, 자신이 섬기는 주인과 그가 통솔하는 군단으로서 로마 제국을 변호하고 있었다. 툴루스는 가면이 벗겨진 듯한 느낌

---

3 R. P. 마틴의 "신약 개론"(Grand Rapids: Eerdmans, 1975) 인용, 1:110-11

이었다.

"자네도 그들과 다를 바 없네. 안 그런가?"

이 점에 대해 톨루스는 생각한 적이 있다. 그러나 톨루스는 아피우스의 반대편에 설 수 없었다. 또 아피우스가 통솔하는 군과 반대편에 설 수 없었다. 그것은 곧 배반이었다. 아피우스와 마르쿠스와 로마에 대한 배반.

불결한 이방인

토비아스는 당시 유대인의 사상과 정서를 잘 대변하고 있다. 유대 땅은 하나님이 선물로 주신 땅이다. 이방인 특히 로마인이 그 땅에 있다는 것 자체가 불결하다. 아브라함의 자손으로 단일민족인 유대민족의 순수성은 그들이 로마를 비롯한 침략자들에 대항하여 싸우는 근거가 되었다. 한 세기 전에 쓰인 솔로몬의 시편(헬라어와 시리아어 위경 시편 모음)에는 유대 땅을 짓밟는 나라를 메시아가 쓸어버리기를 간구하는 기도가 담겨있다.

"자네는 좀 다른 거 같네."

장로가 말을 이었다.

"로마인들의 권력욕과 호전성에 동조하는 섯 같지 않거든."

툴루스는 로마군 진영과 아피우스의 집을 잠시 바라보았다. 그리고 유대 장로들을 바라보았다. 그들이 고개를 끄덕여 보이며 물었다.

"이름이 뭔가? 성은 무엇이고?"

툴루스는 불안했다. 나이 든 장로는 툴루스에게 관심을 보이며 친해지려는 듯 다가왔다. 이미 이야기의 주도권은 장로가 쥐고 있다. 툴루스는 조바심을 내며 속으로 부르짖었다.

'더 로마인처럼 되어야 해. 더 권위적으로 대해야 해. 로마군의 군복을 입어야 해.'

"시리아 에메사 출신, 오니아스의 아들 툴루스입니다."

툴루스는 마치 대단한 비밀이라도 누설한 느낌이 들었다. 갈리카 군단의 누구도 그에게 에메사를 묻지 않았다. 마치 이름이 없는 사람처럼 그를 대했다. 장로는 불편할 정도로 가까이 몸을 기댔다. 마치 눈을 꿰뚫어

보는 것처럼 툴루스의 눈을 들여다봤다. 눈도 깜박하지 않아서 불안했다.

"올리브유 판매상 오니아스 말인가?"

툴루스는 지난 그 어떤 순간보다 이 순간을 결코 잊을 수 없다. 앞으로도 그러하리라. 툴루스는 그 누구에게도, 심지어 아피우스에게조차 아버지의 직업을 말하지 않았다.

'이 노인장이 어떻게 우리 아버지를 알지?'

툴루스는 그 후 매일같이 이 순간을 떠올리면서 여러 가지 생각에 사로잡혔다.

'혹시 이곳에서 가족들의 소식을 알 수 있을까?'

그러나 이미 파괴된 에메사에 다시 가고 싶은 마음은 들지 않았다. 툴루스에게 아메사는 암울한 곳이었다. 아메사에 대한 생각이 뇌리에서 떠나지 않아 툴루스는 괴로워했다. 무엇보다 가족에 대한 궁금증이 그를 힘들게 했다.

"맞습니다. 아버지는 상인이셨습니다. 유대, 시리아, 페니키아 등지를 다니시며 장사를 하셨습니다. 물론 에메사가 로마에 의해 파괴되기 전의 일입니다."

툴루스는 맥박이 빨라지는 것을 느꼈다. 장로가 뭔가

비밀스러운 사실을 알고 있는 것은 아닐까? 툴루스가 죽고 싶어질 정도로 궁금해하는 것을 알고 있지 않을까. 그 순간엔 그 어떤 것도 중요하지 않았다. 로마도, 가버나움도.

"제 아버지를 아시나요?"

툴루스의 질문에 장로는 깊이 생각에 잠기는 듯했다. 아주 오랫동안 입을 다물고 있었다. 그는 툴루스의 세계를 바꿀만한 거룩한 한 마디를 선물로 주고 싶었다.

"오니아스를 알다마다. 그리고 모두 무사하다는 것도. 모친도 무사하시고. 로마군에게 저항하지 않은 에메사인들은 전부 도망쳤었지. 그런데 다시 돌아와 도시를 재건했지. 자네 아버지도 그들 중 한 사람이지."

툴루스는 웬만해서는 울지 않는다. 장로의 말을 듣고 난 후에도 울음을 참았다. 그러나 목까지 올라오는 어떤 감정까지 떨쳐낼 수는 없었다. 그것은 바로 기쁨, 안도, 갈망, 사랑이었다.

"가족이 살아있었구나!"

이제 툴루스는 미래를 생각할 수 있게 되었다. 가족과 함께 할 미래. 갈리카와 아피우스와의 일보다 더 귀한 미래이다. 갑자기 로마에 대한 거리감이 느껴졌고 관심도 사그라들었다. 툴루스는 남의 옷을 입고 있다는 느낌이 들었다. 장로가 두 손을 툴루스의 어깨에 얹으며 말했다.

"자넨 우리와 처지가 같네. 툴루스, 자네의 핏속엔 아브라함의 피가 흐르고 있어. 고향에 온 것을 환영하네."

장로는 툴루스를 끌어안았다. 다른 장로들도 일제히 툴루스를 끌어안았다. 툴루스는 당혹스럽기도 하고 부끄럽기도 했다. 이 모든 것이 툴루스에게 엄청난 충격으로 밀물처럼 밀어닥쳤다. 툴루스는 가족에게서 한 번도 들어본 적이 없는 말을 들은 것이다.

툴루스는 그들의 조상이 유대에서 왔다는 말은 어렴풋이 알고 있었다. 그러나 아버지는 한 번도 유대교 신자의 모습을 보인 적이 없었다. 대신 에메사에는 여러 종족이 살았고 툴루스의 아버지는 출신은 그다지 중요하지 않다고 늘 말했다. 툴루스의 가족은 유대 전통 의례 가운데 몇 가지는 지켰다. 에메사에 거주하는 시리아인과 그리스인들도 마찬가지였다. 툴루스는 갑자기 알게 된 사실을 믿을 수 없었다. 툴루스는 속으로 되뇌었다.

'난 로마의 통치를 돕기 위해 파견되었다. 그러니 나

를 알고 있는 모든 로마인에게 이 사실을 비밀로 해야 한다.'

톨루스에게 지금껏 이야기 한 장로가 자기 이름을 토비아스라고 소개했다. 톨루스가 이들과 웃고 떠들고 있을 때 전령이 끼어들었다. 아피우스와 함께 저택에서 일하는 병사였다. 그는 아무런 표정 없이 숨만 헐떡이면서 절망적인 소식을 전했다. 순간 톨루스는 정신이 퍼뜩 들면서 장로들과 친숙해졌다는 사실을 감췄다. 그리고 아피우스가 늘 주입했던 로마인으로 되돌아왔다.

"톨루스."

전령이 숨을 몰아쉬었다. 마르쿠스의 명령대로 로마 병사들은 마을로 들어올 때마다 완전 무장을 했다. 전령도 중무장한 탓에 숨이 턱에 닿았다.

"아피우스님이 보내셨소. 리비아 때문이오. 문제가 생겼소. 하혈이 있소. 그래서 아피우스님이 아기뿐 아니라 산모도 죽지는 않을까 잔뜩 겁에 질려있소. 마을에 의사가 있는지 알아보라고 하셨소."

"의무병이 없나요?"

"없소. 없어. 아피우스님이 걱정을 많이 하시오. 톨루스, 리비아가 죽을지도 모르오."

툴루스는 절박한 심정으로 토비아스와 다른 장로들을 돌아봤다. 툴루스 역시 리비아가 죽을까 봐 두려웠다. 리비아의 생사는 아피우스뿐 아니라 툴루스에게도 중요했다.

"따라오게."

토비아스가 툴루스의 팔을 잡고 마을의 좁은 길로 재빨리 걸어 들어갔다.

가버나움의 산파

토비아스는 가버나움 마을의 유대인을 이끄는 수석 장로였다. 주민들의 불만을 해결하고 상속 문제를 중재하고 이웃을 화해시켰다. 그는 마을에서 가장 학식이 높았으며 율법의 권위자였다. 그뿐 아니라 토비아스는 로마의 식민지 통치에 대해 비판적이었다. 로마인과의 타협에는 별 관심이 없었다. 로마의 식민지 통치에는 예루살렘 유대 지도자들이 교묘하게 연루되어 있다고 생각했다. 토비아스는 메시아를 굳게 믿었으며 메시아가 오면 유대민족은 이방인의 점령에서 해방되고 유대민족의 삶은 회복될 것이라고 확신했다.

로마는 팍스 로마나(로마의 평화)를 주창하면서 로

마 군대의 점령을 정당화시켰다. 그러나 진정한 평화는 하나님만이 주실 수 있으며 유대가 하나님의 통치 하에서 바로 설 때 평화가 임할 것이라고 토비아스는 믿었다. 자기 백성을 향한 하나님의 신실하심은 변함이 없지만, 하나님을 향한 유대민족의 신실함은 자주 흔들렸다.

또한 토비아스는 그 누구보다도 가버나움 주민의 가정 상황을 훤히 꿰뚫고 있었다. 그는 리비아에게 필요한 산파를 찾으려면 제일 먼저 어디로 가야 하는지 알고 있었다. 토비아스와 장로들은 툴루스와 전령을 데리고 서둘러 마을을 가로질러 치유사가 사는 작은 집에 이르렀다. 치유사는 박식했고 건강과 치유에 관한 율법의 정결 의식에도 통달했다. 그는 토비아스와 함께 격리와 세정에 관한 토라의 위생 규정을 마을 주민들에게 설명하곤 했다. 율법의 규정은 하나님이 사람을 보호하기 위해 만든 것이라고 믿었기 때문이다. 또한 하나님은 필요하실 때 치유의 능력을 발한다는 것도 굳게 믿었다. 묘약이나 주문을 사용하는 이방인의 치료는 마법에 불과하다고 생각했다. 따라서 유대인 치유사는 절대 마법을 사용하지 않았다.

길을 가는 동안 토비아스는 전령에게 리비아의 상태를 아는 대로 한 번 더 상세히 설명하라고 말했다. 치유사 부부는 모두 나이가 지긋했다. 그들은 전령의 이야기를 듣고 난 후 표정으로만 서로의 생각을 주고받았다. 치유사의 아내가 이 마을의 산파였다. 치유사가 물었다.

"임신을 했다고 했소?"

"네. 그러나 별다른 이상 증후는 없었습니다."

툴루스가 대신 대답했다.

"로마 여자라고 했지요?"

툴루스는 그런 것이 뭐가 중요해서 묻는지 모르겠다고 생각했다.

"맞습니다."

못마땅하다는 듯 툴루스가 답했다.

"백부장과 같이 살고 있습니다."

로마인이라는 말에 치유사가 움찔하더니 별로 탐탁지 않게 여기는 눈치였다. 치유사가 토비아스에게 물었다.

"이보게, 토비아스. 나더러 이방인을 도와주라는 건가?"

"그렇다네. 만일 가지 않는다면 백부장이 노발대발할

걸세."

토비아스가 답했다.

"나두 자네만큼이나 내키지는 않네만, 마을을 먼저 생각해야지. 그에겐 우리를 도울 힘도, 망칠 힘도 있다네."

"그러나 내가 그 집에 들어가 그녀 가까이 간다면 불결해진다는 것을 모르나? 난 로마인을 도울 수 없네."

그러자 그의 아내이자 마을의 산파가 끼어들었다. 그녀는 치밀어 오르는 화를 간신히 억누르며 책망하듯 말했다.

"그런 것은 하나도 중요하지 않아요, 그 젊은 여인에게 우리가 필요하다는 것이 중요하지요. 이름이 리비아라 했지요? 지금 당장 갑시다."

토비아스를 향해 손가락을 흔들며 말했다.

"토비아스, 내 앞에서 우상이니 이방이니 하는 말은 더 이상 하지 말아요."

"그렇지만, 마리암. 그런 것은 율법과 관련된 문제요."

마리암의 기에 눌린 토비아스는 말을 끝내지 못하고 얼버무렸다.

우상과 유대인

"너를 위하여 새긴 우상을 만들지 말고 또 위로 하늘에 있는 것이나 아래로 땅에 있는 것이나 땅 아래 물속에 있는 것의 어떤 형상도 만들지 말며"

제2계명(출 20:4)에 근거하여 유대인은 조각상 만드는 것을 금했다.

구약 성경 시대부터 그리스와 로마 시대에 이르기까지 우상은 늘 존재했고 우상과 관련된 논쟁도 그치지 않았다. 아피우스가 아폴로의 조각상을 수집하는 것이 그리 놀랄 만한 일은 아니다. 토비아스가 그들을 혐오하는 것도 당연하다.

심지어 초대 기독교인도 우상문제로 씨름해야 했다. 유대 기독교인은 로마의 우상숭배가 역겹다면서 이방 기독교인에게 "우상으로 오염된 음식"을 피하라고 했다(행15:20). 바울도 우상에 대해 자주 언급했다. 그리고 우상을 버리고 살아계시고 참된 하나님을 섬기라고 말했다(살전1:9).

"해야 할 일이 있잖아요! 당신들은 입만 열었다 하면 논쟁이네요. 난 그녀를 살피러 가야해요. 우상 문제에 대해서는 더 이상 말 않겠어요."

마리암은 대문 앞에 세워둔 조그마한 출산용 의자를 집어 들었다. 그리고 아피우스의 집을 향해 부리나케 걸어갔다. 율법이 말하는 이방인과 정결의식에 관해 왈가 왈부하던 두 사람은 이렇다 할 결론도 못 낸 채 멈추어야 했다. 앞장서서 길을 안내하던 툴루스는 산파와 보조를 맞추느라 애를 먹었다. 토비아스를 포함한 장로들과 치유사도 이들의 뒤를 따라갔다. 젊은 로마 전령만 멀찍이 떨어진 채 따라왔다. 아피우스의 집에 도착하니 가이우스가 기다리고 있었다. 그의 얼굴은 두려움과 절망으로 일그러져 있었다. 가이우스는 자기 힘으로는 도저히 해결할 수 없는 문제에 봉착한 것이다.

툴루스와 산파가 대문에 다가서자 따라오던 사람들은 눈에 띌 정도로 걸음 속도를 늦추었다. 로마인이 그들의 땅에 머무는 한 유대인 장로로서 분리와 저항의 삶을 살기로 다짐한바 있기 때문이다. 아피우스의 집 앞에 이른 산파가 몸을 돌려 멀찍이 떨어져 서 있는 토비아스와 남편을 빤히 바라보았다. 그녀는 아무 말 하지 않았다. 할 필요도 없었다. 그녀의 남편은 토비아스를 남겨두고 재빨리 아내에게로 왔다.

마리암과 리비아의 만남

가이우스는 안뜰을 지나 아피우스와 리비아의 숙소로 이들을 안내했다. 툴루스는 아피우스와 리비아가 머무는 곳까지 들어온 적이 없다. 그러나 지금은 치유사와 산파가 함께 있으므로 거리낌이 없었다. 가이우스와 툴루스, 치유사 부부가 함께 방으로 들어서자 아피우스가 반갑게 맞이했다. 아피우스가 말했다.

"열이 높습니다. 많이 괴로워합니다."

마리암은 아피우스가 채 말을 끝내기도 전에 침대로 다가갔다. 리비아의 얼굴은 창백했고 두려움으로 떨고 있었다. 침대보는 땀으로 흠뻑 젖어 있었다. 이부자리에는 피가 묻어 있었다. 마리암은 주름진 손으로 리비아의 얼굴을 감쌌다. 그녀는 리비아와 눈을 마주치면서 부드럽고도 단호한 어조로 말했다.

"나는 마리암이에요. 당신은 리비아지요? 내 말 알아듣겠어요? 리비아."

리비아가 고개를 끄덕였다.

"지금 기분이 어떤지 말해봐요."

툴루스는 마리암이 한순간에 분위기를 장악하는 깃을 보고 놀랐다. 어느새 그녀는 명령하는 위치에 있었다. 그러한 마리암을 보고 남편도 놀라 지켜보기만 했다.

열

　로마 시대는 물론 근대만 해도 열에 대한 인식이 지금과 달랐다. 즉 열은 기타 질병이나 부상으로 인해 생길 수 있다는 사실을 받아들이지 않았다. 열 자체를 별도의 질병으로 여기고 치료했다.

　그리스나 로마 시대의 의사들은 인체의 균형이 깨지면 열이 난다고 생각했다. 그래서 열이 나면 뜨거운 피를 빼냄으로써 균형을 맞추려고 했다. 피를 빼내는 치료법을 방혈(放血)이라고 한다.

　마리암은 리비아의 열을 내리기 위해 다른 방법을 사용했다. 즉 몸을 깨끗이 씻기고 계피 향이 나는 뜨거운 물을 약용 음료로 사용하였다. 고대 세계에서는 향이나 방향제가 의학적으로 아주 효과가 있다고 여겼다.

"우리만 있게 해줘요. 모두 밖에 나가 기다려요."

마리암은 모여 있는 사람들을 쭉 훑어보더니 툴루스를 향해 말했다.

"뜨거운 물과 계피를 가지고 와요. 그리고 몰약이 섞인 기름도. 먼저 목욕시키고 준비해야 하니까. 그리고 리넨도 가지고 오고. 가능한 한 많이."

툴루스는 방으로 달려가서 시키는 대로 했다. 아피우스는 사람들을 뜰로 데리고 갔다. 마리암은 리비아를 자세히 살핀 후 리비아의 침대보를 치우기 시작했다.

"이제 애가 나올 거예요. 하지만 아기가 다 자라지 않았어요".

리비아는 온몸을 떨었다.

"걱정하지 말아요. 이런 경우를 많이 봤고 잘 될 거예요."

리비아는 초점 없는 눈으로 방을 그냥 둘러보았다.

"리비아, 날 봐요."

마리암은 리비아를 다시금 붙들고 얼굴을 마주 보며 말했다.

"겁이 나죠?"

리비아는 고개를 끄덕였다. 마리암은 마치 백부장이

명령을 내리듯 반복해서 말했다.

"리비아 날 봐요. 리비아. 난 내가 할 일을 잘 알아요. 리비아, 당신을 절대 잃지 않을 거예요. 당신을 절대 잃지 않는다고."

리비아는 울면서 마리암의 눈을 계속 응시했다.

"리비아, 내가 하는 말을 따라 해요. 나는 너를 치유하는 주님이다. 날 따라 해요."

리비아는 마리암을 따라 성경 구절을 되뇌었다. 반복할수록 힘이 솟고 확신이 생기는 것 같았다. 잠시 후 돌아온 툴루스는 마리암이 리비아를 침대 옆으로 옮기고 출산용 의자에 앉아있는 것을 보았다. 마리암이 요청한 것들을 모두 건네준 후 툴루스는 아피우스와 장로 일행이 있는 곳으로 가기 위해 조용히 방을 나왔다. 그 사이 마리암과 치유사는 능숙하게 일을 처리했다.

뜰에서 기다리는 사람들에겐 시간이 참 더디게 느껴졌다. 그들은 바닥만 내려다보며 서 있었다. 리비아는 여러 차례 소리를 질렀다. 그때마다 마리암은 신뢰를 주는 목소리로 리비아에게 계속 이야기했다. 아피우스는 두려움을 떨칠 수 없었다. 시간은 계속 흘렀다. 그는 가꾸지 않고 방치한 정원을 왔다 갔다 했다. 분수대를 새로 만들기 위해 일꾼들이 모아 놓은 돌을 찬찬히 살펴보기도 했다. 그렇게 하루가 거의 다 지났다.

마리암의 남편이 나타나서 기름이나 물을 더 달라고 말했다. 그리고 이내 사라졌다. 드디어 마리암이 방에서 나오더니 아피우스에게 와서 말했다.

"아이는 잃었어요. 하지만 산모는 선하신 하나님이 구하셨어요. 리비아는 깨끗이 목욕하고 이제 기운을 차리는 중입니다. 3~4일 정도 누워서 안정을 취해야 하고 절대로 무리해서 안 됩니다. 뭔가 문제가 생기면 곧 알려 주세요. 내일 아침에 와서 상태를 살펴보겠습니다."

아피우스가 감사의 말을 꺼내기도 전에 마리암은 재빨리 물건을 챙기고 돌아갈 준비를 했다. 일을 다 끝냈다. 부리나케 왔듯이 부리나케 떠났다. 대문 쪽으로 걸어가면서 마리암은 조각상과 아피우스가 모은 조각들을 훑어봤다. 툴루스는 그녀가 개와 사슴 상을 보고 눈을 감고 고개를 흔드는 것을 봤다. 툴루스는 마리암 부부를 정문까지 바래다주었다. 그리고 잠시 망설이더니 마을까지 함께 걸어가도 되는지 물었다. 두 사람은 고개를 끄덕였다.

"오늘 수고했어, 툴루스. 내가 보기엔 리비아가 당신

을 신뢰하는 것 같아."

"두 분 모두 감사합니다. 오늘 저희 가정을 살리셨습니다."

"찬양은 하나님께 드리게, 젊은이. 그분이 하신 일에 비하면 우리가 한 일은 아무것도 아니니까. 이런 경우 산모가 죽는 것을 자주 봤어. 죽지 않고 살아있는 것은 하나님께서 구하셨기 때문이야."

마리암이 잠시 멈추더니 불안한 기색으로 서 있는 툴루스를 향해 물었다.

"리비아를 위해 기도했나?"

툴루스는 아무 말도 못 했다. 종교와 관련된 말을 이렇듯 직설적으로 하는 사람을 본 적이 없었다.

"아니요. 어떻게 기도하는지 잘 모릅니다."

"자네가 우리와 같은 민족이란 말을 오늘 들었는데. 맞나?"

"맞습니다."

"그 사실을 감추고 있는 건가?"

마리암이 진지한 표정으로 물었다.

"집안사람들 누구에게도 말하지 않았습니다."

"어떻게 기도할지, 누구에게 기도할지, 어떻게 응답

받는지 알아야 하네. 툴루스. 그 집에 있는 우상들은 아무것도 아니야. 모두 다 헛것이지. 그러나 자네는 살아 계신 하나님께 속해 있다네. 이 사실을 절대 잊지 말게, 젊은이."

"제 비밀에 대해서는 어떻게 할까요?"

산파

로마 시대 유대 마을에는 여자의 임신과 출산을 돌보는 산파가 마을마다 있었다. 성경에 나와 있지는 않지만, 마리아가 예수를 낳을 때도 산파가 돌봤을 것으로 추측된다. 출산은 항상 집에서 행해지며 여자들이 치러야 하는 매우 위험한 과정으로 여겼다(딤전 2:15를 보라). 리비아가 산통을 겪을 때 정신을 차리게 하려고 마리암은 성경 구절을 사용한다.

이미지 8.1 출산용 의자에 앉아 아이를 받는 여자

"나는 너희를 치료하는 여호와다."

출애굽기 15장 26절의 말씀이다.

로마 의사가 기록한 책에는 출산과 산피의 자질에 대해 두루 쓰여 있다. 서기 2세기에, 에베소의 소라누스라는 유명한 로마 의사는 "글을 알고, 상황 판단을 할 수 있는 지혜가 있고, 기억력이 좋으며, 일을 사랑하고, 정상적인 감각, 즉 시각, 후각, 청각이 온전하며, 팔다리가 튼튼하며 손가락은 가늘고 길며 손톱은 짧게 자른 사람이 적당하다"라고 기록했다. 또 산파에 대해서는 "기질적으로 인정이 많아야 하며(아이를 직접 낳은 경험이 없더라도) 손을 부드럽게 가꾸어서 산모나 아이가 불편함을 느끼지 않게 해야 한다."라고 말했다.[4]

---

4   참고문헌:오세이 템킨이 번역서 "소라노스의 산부인과"(볼티모어, 존스 홉킨스 대학 출판부, 1956)1.2.4. /P. M. 던의 저서 "에베소의 소라누스, A.D. 98-138"와 "로마시대의 출산 전후 관리" /<소아 질병:태아와 신생아> 학술지 73, no. 1 (July 1995): F51-F52

"그대로 간직하게. 그리고 리비아를 잘 보살피게. 가능한 한 잘 먹이게. 무엇보다 잘 마셔야 하네. 피를 너무 많이 흘려서 쇠약해졌거든. 그 집 사람들은 믿지 못하겠으니 자네가 직접 챙기게."

이 말을 마친 마리암은 뒤돌아서 집으로 향해 걸어갔고 치유사도 뒤따라갔다.

며칠간 아피우스는 리비아 방을 들락날락하면서 방 안에서 서성거리며 차도가 좀 있는지 봤다. 마리암은 매일 아침 방문했다. 그리고 가이우스는 리비아가 치료를 받던 날부터 이제 새 일이 생겨 바쁘겠다고 생각했다. 툴루스는 자기가 리비아의 건강을 챙겨주려고 했지만, 가이우스가 재빨리 그 일을 가로채면서 툴루스에겐 다른 일을 시켰다. 그리고 툴루스가 가능하면 리비아의 거처에서 멀리 떨어져 있길 원했다.

4일이 지나자 리비아의 몸이 좀 나아진 것 같았다. 날이 가면서 아피우스도 안심이 되었다. 안도감과 더불어 아피우스의 마음속에는 유대인에 대한 관심이 생겼다. 마르쿠스는 유대인들을 믿지 못한다고 말했다. 따라서 로마에 충성하려면 유대인들과 거리를 유지해야 하며, 더 나아가 그들을 혐오하는 기색을 보여야 한다고 말했다.

"피지배자에게 호의를 보이면 안 된다. 그렇지 않으면 그들은 호의를 악용할 것이다."

이 말은 아마 군사 교본에서 인용한 말 같았다. 아피우스는 이 말에 동의했다. 그렇지만 여전히 유대인들 생각이 났다. 특히 리비아가 위험에 처했을 때 도와주었던 마리암에 대해서는 더욱 그러했다. 그들에게 감사의 마음을 품는 것이 과연 옳은 일인지 확신이 서지 않았다.

아피우스는 자신의 감정을 잘 다스리는 편이었다. 그래서 유대인이 피 지배인이긴 하나 얼마든지 감사의 마음을 품을 수 있다고 정리했다. 그들의 도움에 대해 감사를 표한다는 것은 일종의 외교 전술로 로마 제국에 이익이 되리라는 생각도 했다.

팍스 로마나

로마 공화국은 기원전 44년 율리우스 카이사르가 암살을 당하면서 막을 내렸다. 이에 따라 제국은 거대한 내전의 소용돌이 속으로 빠지게 되었다. 옥타비우스 장군이 권좌에 올라 율리우스 카이사르의 정적을 제거하고 원로원으로부터 신성한 율리우스의 아들인 "카이사르 아우구스투스"라는 칭호를 받았다. 아우구스투스는 로마 최초의 황제가 되어 B.C. 27년-A.D.14년까지 통치했다.

아우구스투스는 내전의 후유증을 치료하고 로마 공화국을 부활시켜야만 했다. 국내외로 여러 가지 파격적

이미지 8.2 한 면에는 아우구스투스 카이사르의 두상이 다른 한 면에는 "평화"라는 뜻의 라틴어 " PAX"가 새겨진 로마 동전

인 전략을 구사하면서 제국에 팍스 로마나(로마의 평화)의 회복을 약속했다. 아울러 경제 번영, 군사 안전과 국내 질서를 약속했다. 지중해 해적을 물리치고 교역로를 확보했다. 이윽고 세계에서 가장 거대한 군대를 세웠다. 마침내 로마 제국의 질서를 회복하려고 했다.

아우구스투스는 이 일이 가능해지려면 모든 로마인과 모든 식민지의 온전한 충성이 필요하다고 주장했다. 그의 이상을 가시화시킬 기념 동전, 기념비, 출판물과 신전을 지중해 전역에서 볼 수 있다. 가버나움도 같은 방식으로 통치되었다. 평화를 약속했지만, 반란의 조짐이 보이면 여지없이 제압했다. 로마의 강경한 통치로 인해 사회가 안정되고 강도도 많이 줄었다. 평화시대가 도래하자 상류층은 경제적 수익을 취하는 데 급급했다.

식민지에서 유화정책을 펼쳤지만, 세금 징수만은 철저했다. 세금을 제대로 못 내는 가난한 사람들은 팍스 로마나를 누리지 못했다. 팍스 로마나는 로마 사회 주류 계층과 로마 제국에게 협조한 지방의 고위층이나 누릴 수 있었다.

아피우스는 심경이 복잡한 가운데 툴루스에게 지시했다.

"그들에게 가서 내가 도와 줄 일이 없는지 물어봐라. 도움을 받았으니 보답해야지. 아마 그들이 원하는 것이 있을 것이다. 원하는 것이 무엇인지 알면 돕고 싶다. 마리암이 아니었다면 리비아가 여전히 우리와 함께 있지 못했을 거야. 은혜를 잊을 수 없구나."

툴루스 역시 토비아스를 만난 날부터 가버나움의 유대인들에게 끌렸다. 툴루스는 그들에 관해 더 알고 싶었다. 다니다가 만 학교에서 배우지 못한 것들을 배우고 싶었다. 자신이 유대인이란 것이 무엇을 의미하는지 알고 싶었다.

회당이 필요하네

리비아가 유산한 지 5일째 되는 날, 토비아스는 장로들과 함께 툴루스를 초대했다. 그들은 해 질 무렵 모여 식사하곤 했는데 그 자리에 툴루스를 초대한 것이다. 그러나 툴루스는 그들의 구경거리가 되고 싶지 않았다.

땅거미가 질 무렵 툴루스는 토비아스의 아담한 집에

도착했다. 이미 십여 명의 유대인이 모여 있었다. 나지막한 식탁 주변엔 기댈 수 있는 방석들이 놓여 있었다. 토비아스는 툴루스를 알아보고 재빨리 문으로 걸어갔다. 마치 오랜만에 보는 친구에게 하듯 입을 맞추었다. 등잔불이 밝혀진 식탁으로 툴루스를 데리고 갔다. 식탁에는 음식이 즐비했다. 갓 구운 빵과 올리브, 각종 나무 열매, 그리고 마을의 주식으로 보이는 생선 스튜가 있었다.

유대 하베림

　당시 독실한 유대인은 하베림("친구"라는 뜻을 지닌 히브리어 하베르나 차베르에서 파생된 단어)으로 불리는 공동체를 자체적으로 만들었다. 정기적으로 만나 식사하고 율법을 논하며 열심히 정결을 지키고 율법에 순종했다. 독실한 율법 선생인 토비아스는 하베

이미지 8.3 3 트리클리늄(3개의 긴 소파가 있어 식사 중 비스듬히 누워 식사할 수 있음)이 그려진 벽화

림을 주관했다.

식사를 마친 후에는 율법 강해를 하고 이어서 열띤 논쟁을 벌였다. 토비아스는 시편 17편을 읽었디. 허베림은 매주 여러 번 있었던 것 같다고 일부 학자들은 말한다.

예수도 하베림에 대해 듣고 자랐을 것이다. 사역을 시작하시기 전에 청소년기와 청년기를 거치면서 이런 남자들과 함께하면서 율법과 적용을 토론하며 배웠을 것이다. 성인이 되어 사역하는 동안에도 예수는 많은 하베림에 초대받았을 것이다. 누가복음 7장 36~50절이 자세히 말한다. 식사할 때 낮은 식탁에 둘러앉아 방석에 몸을 기댄 채 식사했다.

"툴루스, 이리 와. 의논할 게 많네."

하인이 툴루스의 샌들을 벗기고 발을 씻겼다. 토비아스는 툴루스를 모임 자리로 데리고 갔다. 툴루스는 당황하며 괜히 왔나보다 생각했다.

'내가 지금 여기서 뭘 하는 거지? 만일 아피우스가 이 사실을 안다면….'

토비아스가 식탁 가까이 가자 사람들은 서서 그가 오기를 기다리고 있었다.

"여기 앉게나, 툴루스. 이야기할 것이 좀 있어. 내 옆에 앉아."

로마인 복장을 한 청년 툴루스가 토비아스의 옆에 앉는 영예를 누리는 것을 보고 모두가 궁금해했다.

갈릴리 돌그릇

이미지 8.4 갈릴리 돌그릇

유대인들은 어떤 물건이 사람을 더럽히는지, 또 어떤 의식(예컨대 죽은 사람의 몸을 닦는 종교적 의식인 '타하라')이 사람을 부정케 하는지 세밀히 관찰했다.

2세기 구전 율법 모음집(미쉬나)은 "불결"에 관한 장이 따로 있다.[5] 도자기로 만든 그릇이나 컵 같은 가정용

---

5   미슈나 제6권, 토호롯.

품은 불결해지기 쉽기에[6] 곤충과 같은 더러운 것이 도자기 그릇에 앉을 경우에는 그릇을 부숴버리고 안에 있는 것을 내다 버렸다. 그러나 돌로 만든 물건은 쉽게 오염되지 않았다.[7] 돌 한 덩이를 완전히 깎아서 만들기에 값도 매우 비쌌다. 그런데도 1세기 때 정결 의식에 열심인 사람들 사이에선 돌그릇이 널리 사용됐다.

1세기경 유대 마을이 있던 장소에서 고고학자들은 많은 돌 그릇을 발굴했다. 마을 유적이 발굴된 이스라엘 전역에서 상당수의 돌그릇을 발견했다. 세포리스 근처에서는 석기 공방으로 추정되는 유적이 발견되기도 했다.

토비아스가 식탁에서 돌그릇을 사용한 것은 위의 내용과 같은 맥락이다. 토비아스는 신앙심 깊은 유대인이며 바리새인으로 정결 의식에 철두철미했다.

---

6 레위기 11:33; 미슈나 2권 /미슈나 켈림 2-10.
7 슈나 켈림 10:1

토비아스가 덕담을 마치자 손을 씻는 물그릇이 돌려졌다. 이어 모두가 돌로 깎아 만든 잔에 붉은 포도주를 따라 마셨다. 접시와 그릇이 돌려지고 토비아스가 먼저 빵을 뜯더니 호탕하게 웃으면서 반쪽을 툴루스에게 건넸다. 모두가 김이 모락모락 나는 생선 스튜에 빵을 찍어 먹었다. 생선, 올리브와 뜨거운 소스가 돌려지는 동안 사람들은 웃고 떠들었다.

한편에서는 마을 현안에 대한 가벼운 논쟁도 벌어졌다. 툴루스는 이들과 함께 있는 동안 이상하게도 마음이 편했다. 갈리카에선 전혀 경험해보지 못한 느낌이었다. 아피우스 집에서도 마찬가지였다.

식사가 끝나갈 때쯤, 모인 사람들이 토비아스를 쳐다보며 다음 순서로 넘어가자고 했다. 그러자 토비아스는 두루마리를 펼쳐 들더니 큰 소리로 읽었다.

나의 걸음이 주의 길을 굳게 지키고 실족하지 아니하였나이다. 하나님이여 내게 응답하시겠으므로 내가 불렀사오니 내게 귀를 기울여 내 말을 들으소서.

주께 피하는 자들을 그 일어나 치는 자들에게서 오른

284

손으로 구원하시는 주여 주의 기이한 사랑을 나타내
소서.

나를 눈동자 같이 지키시고 주의 날개 그늘 아래에 감
추사 내 앞에서 나를 압제하는 악인들과 나의 목숨을
노리는 원수들에게서 벗어나게 하소서.

그들의 마음은 기름에 잠겼으며 그들의 입은 교만하
게 말하나이다. 이제 우리가 걸어가는 것을 그들이 에
워싸서 노려보고 땅에 넘어뜨리려 하나이다

그는 그 움킨 것을 찢으려 하는 사자 같으며 은밀한
곳에 엎드린 젊은 사자 같으니이다

  낭독이 끝나자 침묵이 흘렀다. 토비아스가 방금 읽은
시편의 의미를 설명하기 시작했다. 설명이 끝나자 사람
들은 서로 신들의 의견을 피력하면서 논쟁을 벌였다.
  우리는 어떻게 늘 올바른 길로 행할 수 있는가?
  신실한 하나님은 우리가 의로워질 때까지 기다리시
는가?

하나님은 우리를 구원하기 위해 어떤 일을 행하실까?

우리를 둘러싼 적은 누구인가?

그들에게 맞서 이겨야 하는가? 아니면 하나님을 기다려야 하는가?

토비아스는 툴루스에게 아주 낮은 목소리로 이 질문들에 관해 설명했다. 하나님이 구원하실 때까지 기다려야 한다는 사람들이 있었고 행동으로 맞서야 구원을 이룰 수 있다고 믿는 사람들이 있었다. 이들은 바로에게 맞섰던 모세를 자주 거론했다.

"모세가 아무 일도 안 했더라면 우리는 지금도 이집트에서 이 빵을 먹고 있을 겁니다!"

그들의 주장은 강경했다. 외부인 앞이라 그나마 자제하고 있다고 툴루스는 생각했다.

'과연 하나님은 유대인의 철천지원수인 로마를 물리치실까? 폭력과 정복을 좋아하는 로마는 제어가 불가능한 성난 사자인가? 이들 가운데 아피우스와 싸우기 원하는 자는 누구일까? 내가 아피우스의 편에 선 것은 잘못된 것일까?'

그때 토비아스가 손을 들었고 모두 잠잠해졌다.

"형제들이여, 툴루스의 생각을 들어봅시다."

툴루스는 겁이 덜컥 났다. 처음 듣는 시편 구절에 대해서는 할 말이 없다. 있다고 하더라도 말하고 싶지 않다. 토비아스는 도대체 무슨 생각으로 저런 말을 하는 것일까?

"툴루스, 자네 이야기를 좀 해봐. 에메사의 집 이야기도 하고 어떻게 살아왔는지 알고 싶네. 자네가 어떤 사람인지 알고 싶네."

유대인의 저항

유대 지도자들은(전에 그리스의 통치를 받았을 때처럼) 로마의 식민지가 된 것을 치욕으로 여겼기에 어떻게 해서든 벗어날 생각을 했다. 그러나 방법을 놓고 치열하게 논쟁했다. 토비아스의 식탁에서 벌어진 논쟁이 대표적인 예이다. 무기를 들고 로마인과 싸워야 하나? 하나님께서 개입하시길 기다려야 하나? 로마인과는 그 어떤 접촉도 해서는 안 되는가? 아니면 더 나은 삶을 위하여 아마도 더 많은 자유를 얻기 위해 로마에 협력해야 하는가?

심지어 예수도 정치적인 문제로 시험을 받았다. 마가복음 12:13-17에서 일부 지도자는 가이사 황제에게 세금을 바쳐야 하는지 아닌지 물었다. 의도가 뻔히 보이는 교활한 질문이었다. 그것은 세금 자체에 관한 질문이라기보다 로마에 저항해야 하느냐 아니냐를 묻는 말이었다. 즉 유대인은 로마에 협력할 것인가 말 것인가?

툴루스는 온몸이 얼어붙는 것 같았다. 툴루스에게 시선을 고정한 채 방석에 기대어 무슨 말을 할지 기다리는 사람이 최소한 십여 명이 넘었고 하인도 서너 명 있었다. 로마인으로서 이러한 영예를 누린 사람은 없었다.

식탁 위에 놓인 등잔 빛이 사람들을 비추었다. 담장엔 그림자가 드리워졌다. 툴루스는 덜덜 떨렸다. 정적이 흘렀다. 밖에선 풀벌레 소리가 들렸다. 등잔 심지를 타고 올라간 기름이 타들어 가면서 쉭쉭 소리를 냈다.

툴루스는 먼저 자기가 어떻게 포로가 되었는지에 관해 이야기했다. 그 후 아피우스의 식솔이 된 것, 갈리카 군단에서 일한 것, 두라-유로포스 작전에 동행한 것에 대해 이야기 했다.

또 아피우스에게 생각지도 못한 불행이 닥친 것도 이야기했다. 아피우스가 어떻게 가버나움으로 전출되었는지 이야기했지만, 아피우스의 팔에 이상이 있다는 말은 하지 않았다. 또 아피우스의 식솔들이 매우 잘 대해준다고 힘주어 말했다. 아피우스 집의 종과 그들을 관리하는 가이우스, 리비아, 심지어 가버나움에 주둔한 로마 병사들에 대해서도 자세히 설명했다.

"이들은 단지 세금 징수를 감독하기 위해 왔습니다.

그뿐입니다."

툴루스가 강조하며 말했으나 아무도 그 말을 믿지 않았다.

"왜 우리가 세금을 내야 하나?"

어두운 한 구석에서 목소리가 들려왔다. 토비아스가 즉시 소리가 나는 곳을 쏘아보자 그 목소리의 주인공은 더 이상 묻지 않았다. 툴루스는 지금 심문을 받는 것이 아니었다.

"그런데 툴루스, 자네는 유대인으로서 로마 제국을 섬기는 기분이 어떤가?"

토비아스는 분위기를 좋게 이끌어가려 했지만, 다소 민감한 질문을 피할 수는 없었다.

"잘 모르겠습니다. 여기 있는 것만으로도 감사할 뿐입니다. 여러분이 저를 이렇게 환대해 주실 줄 몰랐습니다. 만일 아피우스가 아닌 다른 백부장이 저를 데려갔더라면 제가 처한 상황은 훨씬 나빠졌을 거라는 생각도 합니다. 그래서 드리는 말씀인데, 아피우스 대신 다른 사람이 오게 되면 상황이 완전히 바뀔 겁니다. 혹독하고 잔인한 군인일 것입니다. 아피우스는 그들과 다릅니다. 식솔을 잘 보살피는 좋은 분입니다. 아마 여러분도 잘 대해주실 겁니다."

"그걸 어떻게 확신할 수 있나, 툴루스? 여기 모인 사람들 가운데에는 없겠지만 밖에는 로마 병사에게 폭력을 가할 수 있는 사람들이 있다네."

토비아스가 툴루스를 쳐다보며 답을 기다렸다.

"서로에게 필요한 것을 주고받으면서 선한 의도를 확인하는 것이 좋을 듯합니다. 아피우스는 마리암이 리비아를 구한 것을 잊지 않고 있습니다. 여러분이 아피우스로부터 받고 싶은 것이 있다면 무엇인지요?"

"자유!"

누군가 외치자 모두 웃었다. 토비아스는 듣기 좋은 농담이라고 하면서 손을 들어 모두 조용히 하라고 했다.

"가난하기만 한 이 마을 사람들이 엄두도 못내는 것을 준다면 도움이 되겠지."

토비아스는 골똘히 생각했다.

"무엇이든 좋습니다, 토비아스 님. 말씀만 해 주시면 전달하겠습니다."

"회당!"

이 말에 사람들은 더욱 깊은 침묵에 잠겼다. 가버나움보다 큰 주변 마을에는 주민들이 모두 모일 수 있는 건물이 있다. 유대인들은 그곳에서 기도도 하고 모임도 한다. 또 작은 학교 역할도 한다.

"우리는 겨울엔 집에서, 여름엔 올리브 나무 밑에서 모인다네. 기도할 수 있는 집을 가져본 적이 없다네. 아피우스가 우리를 위해 하나 세워 줄 수 있겠는가?"

토비아스는 백부장이 세금으로 걷어드린 돈 일부를 사용할 수 있다고 말하고 싶었지만 꾹 참았다.

'기도하는 집?'

툴루스는 기도하는 집에 대해 생각하기 시작했다. 아피우스가 여분의 돈을 가지고 있다는 것을 툴루스는 알고 있다. 아피우스가 여러 번 말했기 때문이다. 최근에 사들인 조각상 값만으로도 회당의 기초를 놓을 수 있을 것이다. 툴루스는 모인 사람들을 둘러보며 말했다.

"가능할 것 같습니다."

가버나움 회당

유대인들에게 회당을 지어주는 것이 좋겠다는 툴루스의 말에 아피우스는 솔깃했다. 아피우스는 마르쿠스와 다른 병사들에게 회당 건립은 가버나움의 유대인의 지지를 끌어낼 수단이라며 계획을 설명했다. 아피우스가 덧붙였다.

"이건 외교적 제안이라네."

그러나 대다수가 아피우스와는 다른 생각을 품고 있었다. 특히 마르쿠스가 그러했다. 유대인 산파 마리암의 도움을 받은 이후 아피우스의 마음이 많이 누그러졌다. 유대인에 대한 시각에 변화가 생겼다. 마르쿠스는 이 점을 우려했다.

툴루스가 유대인의 말을 전달한 그 주에 아피우스는 한 사람을 초대했다. 회당 건립과 관련하여 꼭 만나야 할 사람으로 이름은 구사이다.

구사는 갈릴리 서부 지역의 세금 징수원이다. 마르쿠스는 구사라는 인물을 조사해보았다. 구사는 갈릴리 서부를 통치하는 헤롯 가문과 관계가 있는 유대인이었다. 추측건대 헤롯 안티파스의 사촌쯤 되는 것 같았다. 구사의 아내 요안나와 함께 세포리스(티베리우스 호숫가에 새로 지은 궁)에 거주하는 거부였다. 헤롯 관할 지역의 예산을 관장하는 수석 재무관이며 개인적으로는 세금 징수원 일도 하고 있었다. 그는 로마로부터 가버나움 인근 지역 세금 징수권을 샀다. 이에 뒤따르는 수익이 상당했다. 그러나 가버나움 주민들은 모두 구사를 경멸했다. 세리들은 로마 제국이 지정한 세금보다 항상 더 많이 징수하여 사욕을 챙겼다. 이처럼 조세 제도는 극도로 부패했다.

구사는 몇 명의 수행원과 경호병을 대동하고 방문했다. 모두 합하여 열 명쯤 되는 일행이 말을 타고 왔다. 가이우스가 먼저 정문에서 그들을 맞이했고 아피우스는 안뜰에서 격식을 차려 정중하게 맞이했다. 아피우스의 식솔들은 옷을 잘 차려입고 가이우스는 그들의 신분에 걸맞은 포도주와 음식을 대접했다.

"구사, 평안하신가? 먼 길을 오느라 수고했소. 우리 둘이 대화하는 동안 같이 온 사람들은 우리 집 종들이 잘 접대할 것이오."

곧이어 포도주, 배, 무화과, 각종 치즈, 빵, 조리된 생선 등이 담긴 접시가 돌려졌다. 그들은 아피우스가 새롭게 꾸민 정원의 조각상과 현재 공사 중인 프레스코 벽화를 보며 감탄했다. 아피우스와 구사 양쪽 비서들이 회의실로 들어갔다. 그곳엔 화려하게 단장한 리비아가 기다리고 있었다. 아피우스는 리비아가 아름답고 생기가 넘치는 모습으로 손님을 맞이하는 것을 보고 흡족했다. 그녀는 완전히 회복된 것 같았다. 구사 역시 리비아를 찬찬히 훑어보았다.

"집은 자그마해도 자리를 잘 잡으셨습니다."

구사는 아피우스에게 말을 하면서도 시선은 리비아에게서 떠나지 않았다. 그 모양새가 마치 수작이라도 걸어 보려는 것 같았다. 틀루스는 구사의 의도를 즉시 감지했다. 구사는 줄곧 방을 이리저리 둘러보며 아피우스가 어떤 식으로 단장을 했는지 구경했다.

"그렇습니다. 이 집은 진영과도 가깝지요. 라바나의 갈리카 군단과도 정기적으로 연락할 수 있고요. 그리고 마을 사람들이 저희를 환대하더군요."

"사실 이곳 마을은 너무 가난해서 세금도 제대로 못 냅니다. 그래도 이 지역이 중요한 이유는 중간 기착지이기 때문입니다. 가버나움을 거쳐야 남북 교역이 가능하지요. 대상들이 이 지역을 지날 때마다 통행세를 내야 합니다. 내 휘하에 있는 사람들이 당신의 도움을 기대하고 있습니다. 그 도움이 무엇인지는 곧 듣게 될 것입니다."

구스의 말에 툴루스는 많이 놀랐다.

'지금 이 사람이 아피우스님에게 명령하는 건가?'

세포리스의 구사

누가복음 8장 2~3절은 부유한 갈릴리 사람들이 재정적으로 예수의 사역을 도왔다고 말한다. 그들은 요안나와 친구 수잔나임을 알 수 있다. 누가는 요안나의 남편구사가 "헤롯의 재정 관리인"이었다고 덧붙인다. 이를통해 구사가 갈릴리 서부에서 헤롯 안티파스를 위해 일하면서 재정 문제를 처리했다고 추측할 수 있다. 구사는 세포리스나 안티파스가 새로운 수도로 정한 티베리우스(갈릴리 바다) 인근에 살았던 것 같다.

구사는 자기 아내가 유대 선지자를 돕고 있다는 것은 상상도 못 했을 것이다. 더구나 안티파스는 그 선지자

이미지 9.1 갈릴리의 헤롯 안티파스가 만든 지역 동전으로 로마 황제의 형상이 새겨져 있지 않다.

가 자신의 통치를 위태롭게 할지도 모른다고 의심하던
터였다.

구사는 부자임이 틀림없다. 이 책에서는 구사를 가버
나움의 세금 징수원으로 칭했다. 구사는 일종의 투자로
로마로부터 세금 징수권을 샀다. 그는 세금 징수원으로
서 세금을 징수한 후, 지역에 할당된 금액을 헤롯 안티
파스에게 건넨다. 그리고 추가분은 자기가 챙겼다. 투자
한 돈을 회수할 목적으로 정해진 액수보다 더 많이 걷
었다. 따라서 이러한 조세 제도의 부패상은 이루 말할
수 없었고 가난한 사람들은 더욱더 힘들어졌다.

또 구사 밑에는 대신 세금을 징수할 세리들이 있다.
마태복음 9장 9절에 한 세리의 이름이 등장하는데, 그
는 바로 마태(레위로 불리기도 함. 막 2:14)이다. 마태는
훗날 예수의 부르심을 받고 사역에 동참하는 사도가 된
다. 마태는 마태복음을 쓰기도 했다.

"로마 제국이 날 이곳에 보낸 건 확실히 세금을 징수하고 지역을 안정시키기 위해서라오."

아피우스가 말했다. 아피우스는 구사의 고압적인 말투에서 그의 의중을 알아채고 즉시 한 방 날린 것이다. 아피우스의 말에 구사는 미소를 지었다. 그리고 그는 리비아를 줄곧 바라보았다. 아피우스는 리비아에게 그만 나가라고 말했다.

"한가지 신경 쓰이는 게 있습니다. 과연 이곳 주민들이 우호적이냐는 것입니다. 아피우스, 당신이 알아야 할 사실은 이 지역은 반란도 잦고 시끄럽다는 것입니다. 그동안 여러 번 반란이 일어났습니다. 20여 년 전 반란을 주도했던 갈릴리 유다의 영향이 아직도 미치고 있기 때문이지요. 자칭 선지자니 메시아니 하는 사람들이 늘 있었지요. 그들은 유대가 주권을 되찾고 하나님의 통치를 받도록 하나님께서 자기를 불렀다고 주장합니다. 얼마 전만 해도 요한이라는 사람이 있었지만 안티파스가 죽였지요. 그는 안티파스의 사생활에 대해 왈가왈부했지요. 그에게 일어난 일에 사람들이 그리 놀라지 않소. 심지어 그의 추종자들은 그의 순교를 칭송하고 있습니다."

"그것으로 반란은 일단락 된거요?"

"아닙니다. 유대인들 사이에서는 선지자가 계속해서 나옵니다. 지금은 나사렛 출신인 어떤 사람이 자기가 메시아라고 주장하면서 이곳저곳을 다니고 있습니다. 이 사람을 주시하고 있습니다. 아마 당신도 그래야 할 것입니다."

세례 요한

구사가 말한 선지자는 세례 요한이다. 세례 요한은 헤롯 안티파스가 자기 형의 아내인 헤로디아와 결혼을 하자, 이를 신랄하게 비판했다. 안티파스는 갈릴리 서부와 요단강 동부 해안에서 사해(그 당시 페레아로 불림)까지 통치하였다. 따라서 세례 요한은 안티파스의 통치하에 있었다.

마가복음은 안티파스가 세례 요한을 어떻게 참수하게 되었는지, 또 그러한 결정을 하기 전에 얼마나 근심했는지, 예수가 권능을 행한다는 말을 듣고 자기를 괴롭히기 위해 죽었던 세례요한이 돌아왔다고 생각하며 불안해하는 이야기를 들려준다.(막6:14-29)

갈릴리에 있는 로마인이나 유대 통치자 모두 세례 요한과 예수의 추종자들을 미심쩍은 눈으로 보았다. 세례 요한은 유대 지도부가 부패했다고 공개적으로 말하고 특히 갈릴리의 헤롯 안티파스를 집중적으로 공격했다. 예루살렘 지도층에 대해서도 신랄하게 비판했다.

"요한이 많은 바리새인과 사두개인들이 세례 베푸는 데로 오는 것을 보고 이르되 독사의 자식들아! 누가 너희를 가르쳐 임박한 진노를 피하라 하더냐 그러므로 회개에 합당한 열매를 맺으라. 속으로 아브라함이 우리 조상이라고 생각하지 말라. 내가 너희에게 이르노니 하나님이 능히 이 돌들로도 아브라함의 자손이 되게 하시리라. 이미 도끼가 나무뿌리에 놓였으니 좋은 열매를 맺지 아니하는 나무마다 찍혀 불에 던져지리라"(마3:7-10)

이 성경 구절은 사해 근처 쿰란에 살았던 유대 분리주의 공동체, 즉 에세네파의 신앙생활을 반영한다. 이들은 도시를 떠나 광야에서 공동체 생활을 하면서 신앙의 순수성을 지켰다. 또한 당시 종교 지도자들에 대한 불신이 깊었다.

"그가 가버나움에도 온 적은 있소?"

"그렇습니다. 그가 얼마나 교묘하게 정치적인 언어를 구사하는지 알아야 할 것입니다. 그는 많은 군중을 모으고 그 자신의 왕국에 관해 이야기합니다. 그의 추종자들은 이 마을에서 흔히 볼 수 있는 무지렁이들이요."

"그러나 그들이 모두 당신이 말하는 그런 사람들은 아닐 거요."

"다는 아니라도 대다수가 그럴 겁니다. 그래서 당신이 이곳에 있는 것 아닙니까? 우리가 원하는 것은 바로 당신의 검입니다. 당신의 상관들이 원하는 것도 같을 겁니다. 나는 당신이 이곳에서 뭘 해야 하는지 당신의 상관들과 이미 논의했습니다. 그들은 당신이, 아니 우리가 성공적으로 해내길 기대하고 있지요. 나는 가이사랴에 있는 그들과 자주 대화를 나눈답니다."

아피우스는 구사라는 작자가 점점 싫어지기 시작했다. 자기가 뭐라도 되는 양 건방을 떨며 대화를 주도했다. 더욱더 불쾌한 점은 아피우스를 마치 휘하에서 일하는 사람 정도로 여기는 것 같다는 것이었다. 의도적으로 가이사랴를 언급할 땐 너무도 불쾌해서 더 이상 용납할 수 없었다.

"우리가 성공적으로 해낸다고? 구사, 당신은 당신의 관심과 로마 제국의 관심사가 같다고 생각하는 것 같소. 내 말이 틀렸소?"

아피우스는 구사가 자가당착에 빠져있다고 생각하며 그를 몰아붙이기 시작했다.

"주민들을 평정하는 방법이 검만은 아닐 거요."

"그러나 무력만이 그들이 이해하는 유일한 언어인 걸 어쩌겠습니까?"

"이보게 구사, 당신은 내 도움을 원하는 거요 아니요? 난 이 지역에서 유일하게 로마군을 통솔하고 있소. 당신이 반란군으로부터 보호받기를 원한다면 내 병력이 필요할 거요."

구사는 아피우스의 어조가 바뀐 것을 눈치채고 잠시 말을 멈췄다.

"그렇다면 당신이 제안하고 싶은 것은 무엇입니까?"

"그건 내가 제시하는 조건에 당신이 어떻게 반응하느냐에 달려있소. 구사. 나는 단 며칠 이내에 대대 병력을 이곳에 집결시킬 수 있소. 당신에겐 검증되지 않은 호위병 몇 명이 있을 뿐이오. 로마가 당신의 요구를 충족시키기 위해 존재한다는 생각은 하지 않는 게 좋을 거요.

가이사랴와 라바나에 있는 내 상관은 나를 전적으로 신
뢰하고 있소. 그러니 당신이 내 일에 간섭하는 것은 당
신에게 득이 될 것이 없을 거요."

갈릴리 사람 유다

갈릴리 사람 유다는 1세기 로마 통치에 지항한 많은 유대 저항군 가운데 한 명이었다. 1세기 유대 역사가 요세푸스의 저서(유대인 고대사 18.4-5, 23)와 신약성경(행 5:37)에서도 언급되었다.

그는 신정 통치와 민족주의에 고무되어 폭동을 일으키며 하나님만이 유대의 진정한 통치자이므로 로마인은 쫓아내야 한다고 주장했다. 로마 조세 제도를 노예 제도라 하여 반대하고 하나님께서 곧 도우실 거니 순교할 염려도 없다고 했다.

요세푸스는 다음과 같이 서술했다.

"감라라고 불리는 도시에… 유다라는 사람이 있었는데 … 열성당원이 되어 봉기를 주도했다. 로마의 조세 제도는 곧 노예 제도이므로 자유를 되찾자고 촉구했다" 유다의 저항운동은 서기 6년에 일어났다. 로마는 또 다른 반란의 싹을 잘라버리기 위해 본보기 삼아 무자비하게 진압했다.

유다와 같은 지도자들은 저항의 영감을 얻기 위해 무엇을 읽었을까? 여호수아의 가나안 정복에서 확신을 얻은 것이 틀림없다. 그러나 마카베오 시대(BC 2세기) 그리스군을 격퇴했던 것에서 영감을 얻어 로마도 몰아내려고 했다. 저항운동의 근거를 찾기 위해 굳이 출애굽 시대까지 거슬러 올라갈 필요가 없었다. 1세기 '솔로몬의 시편'만 보더라도 유대인의 독립과 종교의 순수성을 위한 기도를 볼 수 있기 때문이다.

"보소서, 주여. 그들을 위하여 그들의 왕 다윗의 아들을 세우소서. 당신이 아시는 시간을 위하여, 하나님이여, 당신의 종 이스라엘을 다스리도록. 그리고 불의한 지배자들을 치도록 그를 힘으로 띠 띄우소서. 멸망 가운데 짓밟는 이방인들로부터 예루살렘을 정화하소서. 지혜로, 의로움으로, 유업으로부터 악한 자들을 쫓아내도록, 죄인들의 교만을 토기장이의 질그릇과 같이 산산조각 내도록. 그들의 모든 견고함을 철장으로 부서뜨리도록, 범법하는 이방인들을 그의 입의 말로 멸하도록."(솔로몬의 시편 17:21-24).[8]

---

8 R. P. 마틴의 "신약 개론"(Grand Rapids: Eerdmans, 1975) 인용, 1:110-11

아피우스가 방 한가운데를 가로질러 걸어가더니 포도주잔을 구사의 손에서 천천히 빼내어 탁자에 올려놓았다.

"당신은 내 집에 와서 내 포도주를 마시면서 내게 이래라저래라 명령하고 있소. 당신이 누리고 있는 것은 모두 로마가 준 것이요. 명령 한 마디면 갈리카 군단이 수일 내로 당신이 거주하는 세포리스로 진군해서 박살을 낼 수도 있소."

아피우스가 구사에게 바짝 다가서며 말을 이었다.

"이 마을은 내 지휘하에 있소. 만일 당신이 훼방을 놓는다면 그것은 당신의 주군인 헤롯 안티파스가 로마를 훼방하는 것과 같은 것이오."

구사는 아피우스가 돌변하자 놀란 듯했다. 구사는 옆에 주눅이 든 채 서 있는 보좌관들을 바라보았다. 마르쿠스가 위협적인 태도로 그들에게 다가섰다. 역시 마르쿠스는 말보다는 행동이었다.

"그러면 어떻게 해야 이 마을을 잠잠하게 만들 수 있겠습니까? 아피우스."

"먼저 선물을 안겨주고 복종을 요구하는 거요."

아피우스는 이 얼마나 기발한 생각인가 생각하며 미

소를 지었다.

"나는 이 마을 주민들이 로마의 통치를 감지덕지하며 우리를 구원자로 여기게 하겠오. 스페인에서 시리아에 이르기까지 로마 제국은 같은 방식으로 통치할 것이오. 이런 촌구석에 사는 당신이 이해하기는 힘들겠지만."

아피우스는 이 한마디로 구사에게 일격을 가했고 툴루스는 그 위력을 알아챘다. 아피우스는 팔짱을 낀 채 강의라도 하듯 말했다.

"로마는 단순히 피지배 민족이 아닌 협력자가 필요하오. 협력을 안 하겠다면 뭉개버릴 거요. 먼저 선택할 필요가 있소. 우리는 충성에 대한 대가로 안전과 안보를 제시할 것이오. 아마도 그들은 이 거래에 응할 것이요. 유대와 시리아는 우리에게 속해 있소. 만일 페르시아가 이 지역들을 침입했을 때 이유 없이 우리에게 등을 돌리지 않길 바라오. 그러나 당신 방법대로 무력으로 다스리려 한다면 그것이 반란을 일으키는 이유가 될 것이요. 구사."

그리고 아피우스는 툴루스를 자기 옆으로 불렀다. 그러나 툴루스는 어떤 일이 벌어질지 알지 못했다.

"내게 계획이 하나 있소. 구사, 당신도 동참해야 할 거요. 가버나움에 처음으로 공공건물을 지을 예정이오. 바실리카(로마의 공공건물로 종교적으로도 사용되었다.)에는 못 미치겠지만, 소박한 성전을 지을 토대를 마련해 주고자 하오. 기초공사 비용은 내가 낼 테니 당신은 벽을 세우면 될 것이요. 당신이 정말 내 도움을 원한다면 말이오."

"그런 말은 들어본 적이 없습니다."

"더는 왈가왈부할 필요도 없소."

아피우스가 구사의 말을 막았다. 그리고 툴루스에게 얼마나 필요한지 물었고 툴루스는 즉각적으로 대답했다.

"돈은 이번 주까지 내게 보내시오. 세포리스 건설에 퍼부은 돈에 비하면 별것 아닐 거요."

"만일 제가 거절한다면 어떻게 하시겠습니까?"

구사의 얼굴에서 분노가 가득한 것을 툴루스는 보았다. 그러나 구사는 지금 옴짝달싹 못 하는 처지가 되었다.

"거절하든 안 하든 그건 당신 마음이요. 대신 위험하고 부패한 관리 이야기가 여기부터 세포리스까지 퍼지게 될 거요. 잘 생각하시오, 구사."

아피우스는 느린 어조로 덧붙였다.

"당신이 케사르(가이사)의 친구라면 결정해야 할 거요. 당신의 뜻을 밝히시오. 나는 내가 말한 대로 할 테니."

케사르의 친구

아피우스가 구사를 위협하면서 "케사르의 친구"라는 표현을 사용한다. 이 표현은 오랜 그리스와 로마의 전술학에서 인용한 것이다. 로마인에게 '친구'의 의미는 절대 단순하지 않다. '친구'(라틴어로 아미시티아, 그리스어로 필리아)의 의미에 대한 논쟁이나 글도 부지기수이다.

유명한 로마시인 마르티는 오직 황제의 친구만이 우정을 유익하게 여긴다고 풍자했다(담론 5.19). 하지만 위대한 웅변가 마르쿠스 툴리우스 시세로는 "친구에 관한 책"에서 자신이 경험한 친구에 대해 서술하면서 우정을 최고의 미덕이라고 말했다.

BC43년 사망한 시세로가 평생의 친구 아티쿠스에게 보냈던 4백여통의 편지가 이를 충분히 증명한다. 시세로는 BC 44년, 그의 말년의 저서 '노년에 대하여'를 친구 아티쿠스에게 헌정했다.

(오늘날에도 마찬가지겠지만) 개인의 애정이나 호감을 우정으로 묘사할 수 있다. 그러나 우정에는 동맹, 지지, 신뢰, 충성과 같은 좀 더 깊은 의미가 내포되어 있다.

성경에서도 우정과 충성을 동일시 하는 대목을 찾아볼 수 있다. 요한복음 15장 13~15절에서 예수는 친구에 대한 개념을 제자들이 알아들을 수 있게 설명한다. 예수는 제자들을 친구로 칭했다. 친구는 배신하지 않는다. 따라서 제자들 역시 예수를 배신해서는 안 된다.

그러나 아피우스가 친구라는 표현을 사용한 것은 구사를 친구로 대하기 위함이 아니다. 단지 정치적인 언어로 사용했을 뿐이다. '케사르의 친구(라틴어로 아미쿠스 케사리스 혹은 아미쿠스 아우구스티)'는 중요한 정치 용어로서 헬레니즘 시대에 국가나 통치자에 진정으로 충성하는지 알아보기 위해 사용되었다. 그리고 로마인은 이를 국가나 로마에 충성하는 사람을 구별하는 기술 용어로 발전시켰다.

더 이상 친구가 아니라는 것은 심각한 의미를 지닌다. 심지어 범죄자에 버금가는 비난을 받게 된다. 더 나아가 로마가 하고자 하는 일을 반대하고 체제를 전복한다는 뜻으로까지 받아들였다. 티베리우스가 통치할 때 반애국자로 불린 수많은 로마인이 제대로 뜻을 펼쳐 보기도 전에 비극적으로 생을 마쳤다.

요한복음 19장 12절에서 유대 지도자들은 말한다.

"이자를 놔주면 케사르의 친구가 아니다. 왕이라고 주장하는 자는 누구든지 케사르에 대항하는 것이다"

이렇듯 케사르이 친구가 아니라는 말로 빌라도를 위협한다. 그들은 이 표현을 정치 수단으로 사용하는 것을 분명히 볼 수 있다. 즉 빌라도는 케사르의 친구가 아니라고 로마 제국에 보고함으로써 그의 경력을 망치겠다는 위협이다.

회당을 짓기 시작하다

가버나움의 장로들은 회당 기초 공사를 시작했다. 그 누구도 생각지 못했던 일이었다. 아피우스는 약속했던 자금을 전달했지만 자금출처는 밝히지 않았다. 구사는 하인을 통해 즉시 돈을 보냈고 아피우스는 구사의 돈을 받자마자 더 이상 그를 염두에 두지 않았다. 장로들은 아피우스가 사재를 털어 준 것으로 알고 있었다. 아피우스의 입장에서는 자신이 통제할 사람들로부터 존중받을 수 있는 절호의 기회를 얻는 셈이다.

이미지 9.2 가버나움 집터

갈릴리 전 지역의 석공들이 일손도 나누고 돈도 벌기 위해 가버나움으로 오기 시작했다. 북쪽 해안에 자연 생성된 검은 현무암을 찾아 다듬어 벽돌을 만들었다. 가버나움의 집들이 대부분 현무암으로 지어졌다. 그러나 이 흔한 돌이 이번에는 이 지역의 기념비적 건물을 짓는 데 사용될 것이다. 마을 중심에 있던 폐가들을 철거하고 기반을 다진 후 돌과 흙으로 된 기초를 세웠다. 회당 바닥으로 사용될 거대한 현무암 덩어리들이 옮겨졌다.

툴루스와 아피우스는 회당 건립계획이 마을의 분위기를 순식간에 바꾸어 놓은 것에 놀랐다. 또한 회당건축에 종사하는 일꾼들은 돈을 벌 수 있게 되었다. 모두가 흥겨운 분위기였다. 새로운 낙관론이 가버나움을 휩쓸었다. 그러나 토비아스는 아피우스와 툴루스가 건설 현장 근처에 갈 때마다 어디선가 불쑥 나타나 가로막았다. 그 이유는 뻔했다. 회당은 하나님께 드려진 건물이고 아피우스는 이방인이었기 때문이다. 아피우스에겐 이들의 생각이 어리석고 터무니없어 보였다. 게다가 건물을 짓는 비용을 낸 사람을 토비아스는 어떻게 해서든지 접근하지 못하게 막았다. 어느 날 오후 마리암은 토비아스가 아피우스와 여느 때처럼 실랑이를 벌이는 것을 보았다. 마리암이 토비아스를 불렀다. 그녀는 단도직입적으로 말했다.

"이방인의 돈은 받으면서 그 돈이 어떻게 사용되고 있는지는 보지 못하게 한단 말이오?"

그 말에 토비아스는 눈만 끔벅거렸다.

"우리가 원하는 것은 하나님께 영광을 돌릴 수 있는 기도실이요. 맞지요?"

"그렇다면 이방인이 그곳에서 기도하면 하나님이 영광을 받지 못한다는 말인가요?"

"성서에 느헤미야가 성전을 재건할 때 이방인과 유대인을 분리해야 한다고 했소. 우리는 지금 회당을 짓고 있소. 이방인 때문에 덜 거룩하게 할 필요는 없지 않소?"

마리암은 토비아스에게 한 구절을 들려주기 위해 일평생을 기다렸다는 듯 말했다.

"하지만 모세는 이렇게 말했지요. '거류민이 너희 땅에 거류하여 함께 있거든 너희는 그를 학대하지 말고 너희와 함께 있는 거류민을 너희 중에서 낳은 자 같이 여기며 자기 같이 사랑하라. 너희도 애굽땅에서 거류민

이 되었었느니라. 나는 너희의 하나님 여호와이니라.'라
고 말이에요."

토비아스도 슬슬 화가 났다.

"그렇다면 저 이방인들도 율법을 지켜야 하오. 하나님
이 이방인이 율법을 안 지키는 것은 개의치 않으시고 우
리 유대인에게만 지키라고 요구하셨단 말이오?"

마리암은 토비아스의 말을 듣고 답답해했다.

"모세 이전에 살았던 사람들은요? 하나님이 아브라함
을 어떻게 대하셨나요? 아브라함이 할례를 받기 전에도
하나님은 함께 하셨지요. 당신은 아피우스를 대할 때
아브라함이 멜기세덱을 대하듯 해야 해요."

서로 말이 통하지 않았다. 토비아스와 마리암은 서로
오랜 친구였지만 둘의 대화는 종종 이런 식으로 끝났
다. 결국 둘 중 누구도 흡족하지 않았다. 아피우스는 대
다수 유대인이 자신이 그들의 세계로 들어오지 못하도
록 선을 긋는 것을 이해했다. 그래서 아피우스는 그들
의 집에 들어가지 않았고 자신도 그들을 집에 초대하지
도 않았다. 그저 멀리서 지켜만 봤다. 그리고 가버나움
에서의 자신의 임무는 잘 진행되고 있다고 생각했다.
그러나 구사와의 관계만은 종잡을 수 없었다. 아피우스

는 구사에 대해 곰곰이 생각했다. 구사는 가버나움을 안티파스와 자신의 사욕을 채우는 도구로만 생각해왔다. 그런데 이곳에 회당이 세워지면서 체면과 명예와 돈을 잃었다. 아피우스는 과연 구사가 이 일을 그냥 넘어갈지 궁금했다.

마리암과 토비아스의 논쟁

마리암과 토비아스의 대화의 초점은 유대교와 이방인 세계 사이의 적절한 관계이다. 진보적인 유대인, 더 나아가 유대인 디아스포라는 이방인을 편하게 대했다. 반면에 보수적인 유대인들은 이방인과과 거리를 두어야 한다고 주장하면서 정결 의식을 엄격하게 지켰다. 유대인의 선민의식과 민족적 순수성을 놓고 많은 논쟁이 벌어졌다.

하지만 여전히 이방인과의 접촉을 금기시한다면 어떻게 이스라엘이 열방의 빛이 될 수 있느냐는 의문이 남는다. 예루살렘 성전은 이런 논쟁을 더욱 뜨겁게 달궜다. 이방인도 성전에 들어가서 의식과 제사에 참석할 수 있는가? 1세기 때, 보수주의자는 성전에 벽을 세워 이방인의 접근을 제한했다. 하지만 예수는 자신의 성전을 정화하면서 이런 식으로 막는 것을 역겹게 생각하셨다.

"기록된 바 내 집은 기도하는 집이라 일컬음을 받으리라 하지 않았느냐? 하지만 너희는 강도의 소굴을 만드는도다."

마리암의 주장은 예수의 주장과 맥을 같이 한다. 이방

인과 열방을 모두 포용하고 환대하기 때문이다.

마리암과 토비아스는 구약 성경에서 익숙한 본문을 인용하면서 논쟁했다. 토비아스는 느헤미아 9장 2절을 인용하여 마리암의 논지를 꺾으려 했던 것 같다. 반면에 마리암은 레위기 19장 33-34를 인용하며 반격하고 멜기세덱에 대해서도 언급했다.(창세기 14장)

가버나움 회당

오늘날 가버나움을 방문한 사람들은 발굴지에서 가버나움의 중심에 있는 흰색의 석회암 회당을 볼 수 있다. 이 하얀 회당은 대략 AD 4세기쯤에 세워진 것으로 추정된다. 그러나 바닥은 이 지역의 토종 건축 자재인 검은 현무암으로 되어 있다. 현무암은 화산의 폭발로 생성된다. 오래전 용암이 분출되면서 갈릴리 전 지역 수백 마일의 거리에 흘렀을 것이다.

학자들은 이 현무암으로 된 회당의 초석이 1세기에 세워진 것으로 보고 있다. 1960년대 발굴이 시작되었다. 지금은 4세기 때의 회당 주변이 거의 드러나 있고 중앙

이미지 9.3 가이사랴에 있는 4세기 회당의 유적

기도실의 본 층이 개방되었다. 하얀 회당의 동쪽 외관에 이전의 현무암 토대가 선명하게 보인다. 학자들은 현무암 아래에서 그리스 시대에 있었던 집의 잔해인 계단, 수로와 담장을 발견했다.(4세기에 현무암으로 지은 회당은 가버나움의 바로 북쪽 코라진 근처에서 볼 수 있다.)

예수는 현무암으로 지어진 가버나움 회당에서 최초로 병자(중풍병자)를 고치셨다(막2:1-12). 누가는 가버나움의 백부장이 건축비를 냈다고 말한다(눅7:5). 물론 회당을 세우기 전에도 가버나움에는 유대인이 모이는 장소가 있었다. 모인 곳이 어디든 유대인들은 그곳을 회당으로 불러왔을 것이다.

이미지 9.4 1세기, 가이사랴 회당의 검은 현무암 초석

범인은 누구일까?

어느 날 해 질 무렵 아피우스와 툴루스는 회당 건립이
어느 정도 진행되었는지 살펴보기 위해 근처를 걷고 있
었다. 구멍이 숭숭 난 현무암은 색까지 어둡다고 생각
했으나 크게 개의치 않았다. 회당 건립은 별 탈 없이 잘
진행되고 있었다. 거무칙칙한 색의 돌을 보면서 툴루스
는 생각했다.

"내실은 회칠을 해야 할 거야. 그렇지 않으면 동굴이
나 무덤 같을 거야."

해가 지고 어둑어둑해졌을 때, 아피우스의 집에서 그
리 멀지 않은 좁은 길에서 사건이 발생했다. 유대 저항
군처럼 보이는 세 사람이 어둠 속에 숨어 이들을 기다리
고 있었다. 그 가운데 한 사람이 검을 들고 그들을 향해
쏜살같이 달려들었다. 아피우스는 갑옷을 입고 있었지
만 방어할 만한 무기를 소지하지 않았다. 다만 왼쪽 엉
덩이 쪽에 늘 차고 다니는 단검이 있을 뿐이다.

툴루스에게는 아무것도 없었다. 아피우스가 본능적으
로 단검을 뽑자 금속성의 소리가 귀를 울렸다. 툴루스
는 아피우스 뒤로 숨었다. 아피우스는 좁은 골목 입구

에 섰다. 상대방의 솜씨도 보통이 아니었다.

아피우스는 왼손에 방패를 들고 있지 않았으나 단검으로 방어하면서 앞으로 나갔다. 그런데 상대방은 아피우스의 왼쪽을 집요하게 파고들었다. 손등으로 막아낼 수밖에 없었다. 상대는 아피우스의 약점을 파악하고 왼쪽을 집중적으로 공격하는 바람에 아피우스는 강한 오른손을 제대로 활용하지 못했다. 순간 아피우스가 충격을 받은 듯했다. 그러나 과감하게 다시 움직였다. 상대방은 뒤로 물러나더니 숨을 크게 들이쉰 후 두 손으로 검을 잡고 머리 위로 들어 올렸다. 그리고 아피우스의 왼쪽 목을 겨냥해서 검을 힘차게 휘둘렀다.

아피우스는 검이 다가오는 것을 보고 그것이 최후의 일격임을 알아챘다. 아피우스는 왼손으로 칼자루를 옮겨 잡고 방어하려 했다. 그러나 왼손에 힘을 가하자 다쳤던 어깨에 통증이 밀려오는 바람에 그만 손을 놓고 말았다. 적의 검이 아피우스의 갑옷을 내리치자 아피우스는 더 이상 버텨내지 못했다. 칼에 맞은 아피우스는 몸이 뒤로 젖혀지면서 땅에 쓰러졌다. 정신이 멍한 상태에서 자신이 다쳤다는 것을 알아차렸다.

나머지 두 명도 마음 놓고 싸움에 끼어들었다. 이제

툴루스는 세 명을 상대해야 했다. 그들은 잠시 머뭇거렸다. 더는 싸움이 되지 않는 것을 알았다. 그들의 우두머리는 일어나려고 안간힘을 쓰는 아피우스를 내려다보았다. 아피우스는 완전히 무력한 상태였다. 순간 툴루스는 떨어져 있는 아피우스의 검을 잡으려고 움직였다. 이를 본 저항군의 검이 곧바로 툴루스를 찔렀다. 칼날은 거의 무방비 상태인 툴루스의 배에 꽂혔다.

툴루스는 겁에 질린 채 배를 내려다보았다. 칼을 빼내자 툴루스는 극심한 고통을 느꼈다. 툴루스는 손으로 배를 움켜쥔 채 바닥에 무릎을 꿇었다.

그들은 더는 싸울 수 없는 상태인 아피우스 쪽으로 몸을 돌렸다. 아피우스는 자신이 이미 패배했고, 곧 죽을 수밖에 없다고 생각했다. 그때 자신을 향한 웃음소리를 들었다. 그 틈을 노려 급습을 모색했다. 순간 귀에 익숙한 소리가 들렸다. 갈리카 군단에서 많이 들었던 소리이다. 그것은 다름 아닌 보병들이 빠른 속도로 창을 던질 때 나는 소리였다. 창이 아피우스 머리 위를 지나 상대방 우두머리를 향했다. 창이 그를 꿰뚫고 돌벽에 부딪혔다. 어둠 속에서 불꽃이 튀었다.

마르쿠스였다. 이어 단검을 빼 들고 싸우는 소리가

나더니 두 명이 어둠 속으로 달아나기 시작했다. 마르쿠스는 전속력으로 그들을 추격했다. 돌연 마르쿠스는 추격을 멈추고 돌아와 아피우스의 상태를 살폈다. 마르쿠스는 아피우스를 일으켜 세웠다. 마르쿠스와 함께 온 병사들은 상대방 우두머리가 죽은 것을 확인했다. 그리고 툴루스를 살폈다. 툴루스는 의식을 잃은 채 피를 흘리고 있었다. 아피우스의 집에서 사람들이 튀어나왔다. 그들은 힘센 팔로 툴루스를 안고 재빨리 집안으로 옮겼다.

아피우스는 격노했다. 아피우스는 구사가 보낸 유대인 반란군이 공격했다고 단정 지었다. 분을 이기지 못한 아피우스는 세포리스로 직접 진격하여 구사와 그의 전 가족을 몰살할 생각을 했다. 가버나움을 믿었는데 그 신뢰가 한순간에 사라졌다.

마르쿠스와 아피우스는 엎드려 죽어있는 저항군에게 다가가 몸을 뒤집었다. 그는 눈을 뜬 채 죽어있었다. 불빛은 희미했으나 유심히 들여다보니 그는 구사가 보낸 자가 아니었다. 유대인 저항군은 더더욱 아니었다. 그는 다름 아닌 호민관의 경호병이며 가이사랴 총독 관저의 정문을 지키던 카르타고의 악시우스였다.

가버나움에서 일주일

아피우스의 집 근처에서 그처럼 위협적인 공격을 받으리라고는 그 누구도 예상하지 못했다. 더군다나 그 주는 회당 건립과 더불어 유대 지도자들과 긴밀한 유대 관계를 축하하기로 되어 있었다. 모든 일이 순탄하게 진행되고 있었다. 그러나 갑작스러운 재난이 밀어닥친 것이다. 두려움과 분노가 가버나움의 모든 관계를 악화시켰다. 장로들은 아피우스의 신뢰를 잃을까 염려했다. 그런데 한 주 동안 이 모든 문제보다 훨씬 심각한 일, 그 누구도 잊지 못할 일이 일어났던 것이다. 아피우스는 상처 치료를 거부했다. 그의 마음이 돌 같이 굳어졌겠다. 아피우스는 뭘 해야 할지 알지 못했다. 누구든 만나기만 하면 패버리고 싶었다. 그의 안에 가득 찬 분노와 혼돈을 분출시킬 통로가 전혀 없었다. 누군가 조금이라도 건들면 폭발할 것 같았다. 시솔들도 아피우스와 거리를 두었다.

툴루스의 상처 부위가 넓지는 않았으나 깊었다. 나이도 젊은데 그 정도 찔렸다고 큰일이 날까 싶었지만, 생각과는 달리 상태가 위중했다. 가이우스는 즉시 경비병을 마리암과 그의 남편에게 보냈다. 마리암은 곧장 저택으로 달려왔고 밤늦게까지 툴루스의 곁에 있었다. 리비아는 옆에서 도우면서 필요한 물건들을 가져다주었다. 검이 깊이 관통했기에 내상이 심했다. 상처 부위도 점점 거무스름해졌다. 마리암은 상처를 봉합하고 약초를 발랐다. 그러나 그것으로 툴루스를 구할 수 있을지 장담하지 못했다. 단지 툴루스를 위해 간절히 기도만 할 뿐이었다. 툴루스는 의식이 몽롱하여 묻는 말에 아무런 대답도 하지 못했다.

마리암이 아피우스의 상처도 보려고 했으나 그는 거부했다. 그는 자신에게 일어난 일들로 괴로워하며 집 안을 서성일 뿐이었다. 자신에게 일어난 일을 절대 잊지 않겠다는 각오로 공격당할 때 피를 묻힌 옷도 갈아입으려 하지 않았다. 갈리카 군단에 의사를 보내달라고 요청하고 싶었다. 그러나 호민관이 노예 하나를 위해 군단 의사를 멀리까지 보내지는 않으리라는 것을 아피우스는 알고 있었다. 아피우스는 자책했다. 그는 이 같은 개인 전투에서 져본 적이 없다. 하지만 이번 사건을 통해 자기 몸을 지킬 수도 없을 정도로 어깨가 망가졌다는 사실을 확인했다. 아피우스는 더 이상 별 쓸모가 없는 존재가 되었다고 생각했다. 예전 같았으면 그렇게 쉽게 패배하지는 않았을 것이다. 툴루스가 당하는 것을 빤히 보고만 있지도 않았을 것이다. 아피우스가 쓰러졌을 때 겁에 질린 툴루스가 돌연 움직이려는 순간 그대로 칼에 찔리는 장면을 결코 잊을 수 없었다. 아피우스는 바닥에 누운 채로 고통 속에서 무력하게 바라만 보고 있는 가운데 벌어진 일이다. 툴루스가 쓰러질 때 두 사람의 시선은 서로에게 고정된 채였다는 것을 아피우스만 알고 있었다.

마리암은 한밤중에 돌아갔다가 이튿날 해가 뜨기도 전에 아피우스의 집으로 갔다. 리비아와 가이우스가 그녀를 맞이했다. 두 사람 다 지쳐 기진맥진한 상태였다. 마리암도 힘들게 인사를 건넸다.

"툴루스는 좀 어때, 리비아? 차도가 있어?"

"잠만 자고 있어요. 그렇게 자는 것은 본 적이 없어요. 깨울 수가 없었어요. 그러다가 내 말을 알아듣는 것 같기도 하고요."

"상처는?"

"점점 심해지는 것 같아서 겁이 나요. 색도 점점 짙어지고요. 나을 기미가 전혀 보이지 않아요."

"상처를 열어서 피를 제거하지 않으면 점점 악화할 거야."

"열도 나고요, 마리암. 땀 범벅이 되어 계속 괴로워해요."

"나를 툴루스에게 데려다줘. 그가 우릴 두고 떠나기 전에 봐야겠어."

마리암과 리비아는 지난밤 툴루스를 위해 마련한 방으로 함께 갔다. 툴루스의 상태는 리비아가 말한 그대로였다. 직접 두 눈으로 확인하니 상태는 생각보다 훨씬 안 좋았다. 마리암은 툴루스 침대 옆에 무릎을 꿇고 이마에 살짝 손을 얹었다. 뜨거운 열이 손에 느껴졌다. 그녀가 속삭였다.

"이겨내, 툴루스. 내 아들아, 견디어 내라. 하나님은 널

그냥 내버려 두지 않으실 거야. 너를 잊지 않으실 거야."

마리암은 선 채로 힘없이 말했다.

"아주 상태가 안 좋아, 리비아. 이번 주 안에 결과가 나타날 거야. 이런 상처라면 누구라도 살기 힘들 거야. 열이 점점 더 올라 툴루스를 태워버릴 거야. 툴루스의 생명은 지금 그의 하나님의 손에 달려있어."

"그의 하나님이라고요?"

리비아는 마리암의 말을 알아듣긴 했지만, 그 상황에 적절치 않은 말로 들렸다.

"그래. 굳이 알아야겠다면 말해주지. 툴루스는 우리와 같은 민족이야. 아브라함의 하나님께 속해 있지. 우리와 함께 조상들의 믿음을 갖기 시작했어. 토비아스와 줄곧 만나왔지. 그러나 이 말을 누구에게도 해서는 안 돼."

리비아는 생각에 잠겨 조용히 서 있었다. 그녀가 전혀 몰랐던 비밀이다. 툴루스는 그녀에게 더욱 위험스러운 존재가 되었다. 툴루스는 로마인 누구에게도 말할 수 없는 비밀을 간직한 채 살아왔다. 리비아는 툴루스의 비밀로 인해 더욱 그에게 마음이 갔다.

툴루스가 가쁜 숨을 몰아쉬면서 자고 있었다. 마리암은 리비아의 팔을 잡고 뜰로 나왔다. 해가 막 떠오르고 있었다.

"단 한 가지 희망밖엔 없어, 리비아. 툴루스의 병보다 강한 능력을 지닌 치유자를 찾아야 해. 강한 악마보다 더 강한 치유자를 찾아야 해. 우리 힘으로는 이 상황을 바꿀 수 없어."

"아클레피우스 말씀이에요? 그럼 아클레피우스의 사제를 데려오면 되겠네요."

리비아가 제안했다.

나사렛의 치유자

예수가 세상에서 활동할 때 그에겐 여러 가지 별명이 있었다. 그 가운데 하나는 "나사렛 사람"(막14:67)이다. 갈릴리 남쪽 기슭에 있는 가버나움의 남서쪽 마을인 나사렛 출신이기 때문이다. 예수는 나사렛에서 자랐고 나사렛 회당에서 처음 자신이 이스라엘의 메시아라고 공개적으로 밝혔다(눅4:16-30).

히브리어판 이사야서에서 가장 중요한 메시아에 관한 본문을 읽으면서 예수는 "이 글이 오늘 너희 귀에 응하였느니라"라고 말했다. 말씀 자체에 전혀 문제를 제기하지 않고 예수는 계속해서 엘리야와 엘리사에 대해 말하면서 자신의 메시아 사명을 분명히 밝혔다(왕상 17:2; 왕하 5). 이스라엘의 믿음 없음으로 하나님은 이방인에게 메신저를 보내 그들을 축복했다. 내포된 의미는 분명했다. 예수의 사역을 믿지 않는다면 엘리야와 엘리사처럼 이방인을 끌어안아 하나님의 왕국 일을 확장하실 것이다. 회당에 있던 자들은 격분하여 예수를 죽이려 했다(눅4:29).

예수는 나사렛에서 자랐지만 나사렛 회당에서의 논쟁

에 이어 생명의 위협까지 받게 되자 그곳을 떠나 가버나
움으로 갔다(막 4:13; 눅 4:31). 가버나움의 사람들은
예수가 자기들과 함께 머물렀기에 '집'에 계신다고 하신
말이 무슨 뜻인지 이해했다(막2:1).

또한 예수는 치유자로도 알려졌다. 이 부분에 대해서
오늘날 회의적인 학자들 사이엔 의견이 분분하다. 그러
나 오늘날에도 치유의 기적은 일어나고 있다. 그 당시에
예수는 '기적을 행하는 자'였고 '치유자'였음이 분명하
다. 이에 대한 증거는 구전 복음서(Q자료, 마가복음, 요
한복음 그리고 누가복음과 마태복음에만 있는 이야기)
에서 두루두루 찾아볼 수 있다.

또한 예수의 사역에 있어 치유의 필요성을 설명하기
위해 이사야서를 인용했다(마 11:5; 눅7:22; 참고. 눅
4:18). "너희가 가서 보고 들은 것을 요한에게 알리되
맹인이 보며 못 걷는 사람이 걸으며 나병환자가 깨끗함
을 받으며 귀먹은 사람이 들으며 죽은 자가 살아나며
가난한 자에게 복음이 전파된다고 하라."

예수의 이름은 치유자로서 널리 퍼졌다. 예수를 찾는
사람들이 많아지자 종종 문제가 발생하기도 했다. 마가
는 다음과 같이 기록했다. "예수께서 무리가 에워싸 미

는 것을 피하기 위하여 작은 배를 대기하도록 제자들에
게 명하셨으니 이는 많은 사람을 고치셨으므로 병으로
고생하는 자들이 예수를 만지고자 하여 몰려왔다"(막
3:9-10).

"그런 말이 아니야, 리비아."

마리암이 당혹감을 감추며 말했다.

"우리에겐 툴루스의 하나님이 지닌 능력을 행할 선지자, 치유자가 필요해."

마리암이 걸음을 멈추고 말했다.

"나사렛의 치유자를 찾아야 해."

"로마 당국이 주시하고 있는 그 사람 말인가요? 아피우스가 싫어하는 그 사람? 로마당국도 그 사람 때문에 고심하고 있다던데요. 진심으로 하는 말인가요? 그 사람 때문에 문제가 더 심각해질지도 몰라요."

"우리는 그 나사렛 사람을 모시고 와야 해. 그분만이 해결책을 알고 있을 거야."

"그걸 어떻게 확신할 수 있죠? 토비아스에게 물어봐야 하는 거 아닌가요? 아피우스도 알아야 할 것 같고요."

"토비아스보다는 아피우스에게 얘기하는 게 낫겠지. 하지만 그것이 중요한 게 아니야. 우리가 해야 할 일을 행하든가 아니면 툴루스를 잃는 수밖에. 아주 간단해."

마리암이 단념하지 않을 것이라는 사실은 분명했다. 마리암이 리비아에게 가까이 다가가더니 작은 소리로 속삭였다.

"내가 그 사람을 알아. 나사렛 사람을 안다고."

"그 사람을 아신다고요?"

"우리 가족이 그를 알고 있지. 몇몇은 그분의 추종자야. 그분이 나를 고쳐준 적이 있거든. 그래서 그가 틀루스도 낫게 할 거라고 믿는 거야."

"하지만 어떻게 그분을 찾죠? 한시가 급한데요.

"전령을 보내야지. 이 마을에 그분의 추종자들이 있으니 그들 가운데 한 명에게 보내면 돼. 그러나 조용히 진행해야 해. 그분이 오시게 되면 안티파스의 부하들과 마주치게 해서는 안 돼."

마리암은 이미 머릿속으로 방책을 다 생각해 놓고 있었으나, 리비아는 어리둥절 할 뿐이었다. 출발할 때가 되어서야 리비아도 알아챘다. 마리암은 아피우스의 집을 급히 빠져나와 마을로 향했다. 마을에는 과세 대상 재산 목록을 작성하고 있는 안티파스의 세리들이 있었다. 마리암은 그 중 레위로 불리는 사람을 만나 단호한 어조로 지시했다. 레위도 나사렛 사람의 추종자였고 마음이 여렸다.

안티파스의 세무서가 있는 세포리스로 곧장 갈 생각이었다. 그러나 구사의 아내 요안나를 찾아 메시지를 전달해야 했다. 요안나 역시 나사렛 사람의 추종자였다.

"가버나움에 그분이 당장 필요하다고 그녀에게 전해 줘요. 그분을 찾는 사람은 바로 미리암이에요. 우리는 기도를 계속했으나 별 소용이 없다고 말씀드리세요."

더 이상 왈가왈부할 문제가 아니라는 것을 안 레위는 즉시 떠났다. 백부장 아피우스가 습격당했다는 소문이 마을 전역에 퍼졌다. 회당 건립 중에 이런 비극이 발생하다 보니 상황이 복잡해졌다.

"아피우스가 이제 돌아서지는 않을까?"

"아피우스가 우리를 의심하지는 않을까?"

이러한 염려를 하는 것은 아피우스가 한밤중에 악시우스의 시체를 재빨리 치웠기 때문이다. 로마인끼리 싸웠다는 것을 알리고 싶지 않았다. 그랬다가는 또 다른 적대감이 생겨날 수 있다. 아피우스는 진영 밖에 장작더미를 쌓으라고 부하들에게 지시한 후, 악시우스의 시신을 태워버렸다. 일부 병사는 타다 만 악시우스의 시체를 난도질했다. 아피우스와 그 식솔을 대신하여 복수한 것이다.

마리암은 할 수 있는 일을 다 한 후 아피우스의 집으로 돌아왔다. 이제는 기다리는 일만 남았다. 레위는 세포리스로 가고 있을 것이다. 마리암은 모든 것이 마무리될 때까지 툴루스 곁에 있기로 했다. 리비아도 그녀 옆에 앉았다.

정오쯤 리비아는 아주 신비롭고 매혹적인 노랫소리를 들었다. 마리암은 미동도 하지 않는 툴루스의 몸에 팔을 얹고 히브리어로 노래를 불렀다. 리비아가 나중에 알게 된 일이지만, 그것은 죽음을 앞둔 사람을 위해 부르는 유대인의 애가였다.

나의 하나님, 나의 하나님. 어찌하여 나를 버리십니까? 어찌하여 그리 멀리 계셔서 살려 달라고 울부짖는 나의 간구를 듣지 아니하십니까?

나의 하나님, 온종일 불러도 대답하지 않으시고 밤새도록 부르짖어도 모르는 체하십니다. 그러나 주님은 거룩하신 분, 이스라엘의 찬양을 받으실 분이십니다. 우리 조상이 주님을 믿었습니다. 그들은 믿었고 주님께서는 그들을 구해 주셨습니다.

주님께 부르짖었으므로 그들은 구원을 받았습니다.

주님을 믿었으므로 그들은 수치를 당하지 않았습니다. 그러나 나는 사람도 아닌 벌레요, 사람들의 비방거리, 백성의 모욕거리일 뿐입니다. 나를 보는 사람은 누구나 나를 빗대어서 조롱하며 입술을 비쭉거리고 머리를 흔들면서 얄밉게 빈정댑니다. "그가 주님께 그토록 의지하였다면 주님이 그를 구하여 주시겠지. 그의 주님이 그토록 그를 사랑하신다니 주님이 그를 건져 주시겠지" 합니다.

그러나 주님은 나를 모태에서 이끌어 내신 분, 어머니의 젖을 빨 때부터 주님을 의지하게 하신 분이십니다. 나는 태어날 때부터 주님께 맡긴 몸, 모태로부터 주님만이 나의 하나님이었습니다.

나를 멀리하지 말아 주십시오. 재난이 가까이 닥쳐왔으나 나를 도와줄 사람이 없습니다. 황소 떼가 나를 둘러쌌습니다. 바산의 힘센 소들이 이 몸을 에워쌌습니다. 으르렁대며 찢어 발기는 사자처럼 입을 벌리고 나에게 달려듭니다. 나는 쏟아진 물처럼 기운이 빠져 버렸고 뼈마디가 모두 어그러졌습니다. 나의 마음이

촛물처럼 녹아내려 절망에 빠졌습니다. 나의 입은 옹기처럼 말라 버렸고 나의 혀는 입천장에 붙어 있으니, 주님께서 나를 완전히 매장되도록 내버려 두셨기 때문입니다. 개들이 나를 둘러싸고, 악한 일을 저지르는 무리가 나를 에워싸고 내 손과 발을 묶었습니다. 뼈마디 하나하나가 다 셀 수 있을 만큼 앙상하게 드러났으며, 원수들도 나를 보고 즐거워합니다. 나의 겉옷을 원수들이 나누어 가지고, 나의 속옷도 제비를 뽑아서 나누어 가집니다. 그러나 나의 주님, 멀리하지 말아 주십시오. 나의 힘이신 주님, 어서 빨리 나를 도와주십시오.

마리암은 잠시 멈추고 곪아 터진 상처를 리넨 붕대로 부드럽게 닦아냈다. 그녀는 툴루스의 얼굴과 상처를 내려다보았다가 다시 애가를 불렀다.

내 생명을 원수의 칼에서 건져 주십시오. 하나뿐인 나의 목숨을 개의 입에서 빼내어 주십시오. 사자의 입에서 나를 구하여 주십시오. 들소의 뿔에서 나를 구하여 주십시오. 주님께서 나의 기도를 들어주셨습니다. 주님의 이름을 나의 백성에게 전하고 예배드리는 회중 한가운데서 주님을 찬양하렵니다. 주님을 경외하는 사람들아, 너희는 그를 찬양하여라. 야곱 자손아, 그에게 영광을 돌려라. 이스라엘 자손아, 그를 경외하여라. 그는 고통받는 사람의 아픔을 가볍게 여기지 않으신다. 그들을 외면하지도 않으신다. 부르짖는 사람에게는 언제나 응답하여 주신다.

리비아는 마리암의 열정적인 기도에 충격을 받았다. 그녀의 기도와 몸짓을 통해 툴루스를 얼마나 정성을 다해 보살피고 있는지 알 수 있었다. 그녀는 자신의 나라말로 자기 신을 부르고 있었다. 리비아는 이를 이해하고 뒤로 물러나 호기심 반 감탄 반으로 귀를 기울여 들었다.

아피우스는 마르쿠스와 가이우스와 함께 문 근처를 서성이고 있었다. 리비아가 그들에게 갔다.

마리암의 애가

마리암은 시편 22편을 암송하였다. 시편 22는 종종 유대교에서 죽음을 맞이할 때 부르는 시편으로 예수도 십자가에서 전부를 암송하신 것 같다("나의 하나님, 나의 하나님, 어찌하여 나를 버리시나이까"[막 15:34]). 이 시편은 슬픈 애가로 시작하지만, 곧 믿음과 확신의 시로 바뀐다.

"무슨 일이오? 우리가 할 일은 없다던가?"

아피우스는 물었다. 아피우스와 리비아는 견디기 힘든 시기를 보내고 있었다. 리비아의 유산 등 이미 힘든 일을 충분히 겪었다. 이제 마리암이 이번엔 훨씬 더 처참하고 힘든 상황에 부닥친 다른 식솔을 돌보고 있다.

"우리는 기다리고 있어요. 아클레피우스가 당신을 돕듯이 유대인의 신이 어떻게 행할지 기다리고 있어요. 아피우스. 그리고 마리암은 "유대 치유자"를 데려오라고 전령을 보냈어요."

"어떤 사람이오? 왜 내겐 알리지 않았오?"

"마리암이 당신에게 물어봤어야 한다고 생각하세요? 혹시라도 당신이 거절한다면 아무것도 할 수 없었을 거예요. 그 사람은 나사렛 출신 치유자래요."

"나사렛 출신 선지자 같은 치유자? 자기 왕국에 대해 말하는 사람? 헤롯 안티파스가 죽인 그 세례자의 친구? 왜 우리가 그런 사람을 이 마을에 들여야 하오?"

"맞아요. 그 사람이에요. 그러니 우리는 그냥 조용히 있으라고 마리암이 말했어요. 그에겐 능력이 있대요. 그 사람만이 우리의 유일한 희망이에요. 이런 위험을 감수할지 아니면 툴루스를 죽게 놔두든지 선택해야 한다고 말했어요. 하지만 마리암 말로는 그는 해를 끼칠 사람이 아니래요. 안티파스는 자기를 따르는 사람보다 더 많은 추종자를 거느린 사람은 누구든지 미워한대요."

"이름이 뭐지? 그 사람 이름?"

아피우스가 다그쳐 물었다.

"마리암에게 물어봤더니 '예수아 바르 요셉'이래요. 하지만 지금은 나사렛을 떠났대요. 그리고 어디에든 오래 머물 때면 주로 가버나움에 있다고 해요. 사람들이 그를 위대한 치유자라고 말해요."

"그럼 기다려 보지."

아피우스가 말했다.

"예수아 바르 요셉이 나타날지 기다려 보자고."

예수(예수아 바르 요셉)

1세기 유대 공동체에서는 더 상세히 신분을 밝히기 위해 남자의 이름엔 대개 아버지나 마을 이름을 붙였다. 그래서 예수를 "요셉의 아들"(눅4:22)이나 "나사렛 선지자 예수"(마21:11)로 불렀다. "예수 그리스도"는 훗날 예수를 믿는 신자들이 "예수는 메시아"임을 고백하기 위해 사용한 칭호이다.(헬라어 "그리스도"는 히브리어로 "메시아"이다.)

그러나 "지저스"(Jesus)라는 실제 이름은 한 번도 사용한 적이 없었다. 이 이름은 그리스어와 라틴어에서 유래된 영어 이름이다. 아람어와 히브리어와 같은 셈족어에서는 "j"를 발음하지 않았다. 아람어로 그의 이름은 예수아(히브리어로 예호수아)로 구약 성경의 여호수아(히브리어로 "여호아가 구하셨다")에서 유래된 것이다. 그리스어판 구약 성경(70인 역 성경)에서는 히브리어 여호수아를 항상 예수스로 번역한다.

아람어를 하는 사람은 일반적으로 예수를 "예수아 바르 요셉"(요셉의 아들 예수)로 알고 있다.

실에 매달린 산

이틀 후 레위가 돌아왔을 때, 툴루스의 상태는 더욱 나빠졌고 죽음이 임박했음을 알 수 있었다. 하지만 레위의 말을 듣고 마리암은 용기를 얻었다. 요안나는 예수아가 어디 있는지 확실히 알고 있기에 그에게 소식을 전하기 위해 즉시 종을 보냈다. 마을 사람들도 그를 조만간 보게 될 것이다. 마리암은 토비아스를 만나서 장로들에게 앞으로 닥칠 일을 준비하라는 말을 해야겠다고 맘먹었다. 마리암은 그들을 놀라게 하고 싶지 않았다. 그들은 회당 건설 현장에 있었다. 마리암이 말했다.

"나사렛의 예수아께 전령을 보냈어요. 툴루스를 돕기 위해 오신대요. 그분은 위대한 치유자니까 고칠 수 있을 거예요."

토비아스도 걱정하고 있었다. 토비아스 역시 툴루스가 새로이 하나님을 알게끔 애를 썼다. 토비아스도 일단 치유자를 맞이해야 했다. 그러나 모든 일이 허사가 된다면 툴루스의 장례식을 어떻게 유대 방식으로 치를지 궁리해야 할 것이다. 아피우스가 유대 방식의 장례를 수용하지 않으리라는 것을 토비아스는 알고 있었기 때문이다.

"언제쯤 도착하겠오?"

"내일 오신대요. 그러니 그때까지 툴루스가 살아있기를 기도해야 해요."

"하지만 문제가 있소이다. 이방인 집에 들어가시라고 예수아께 청할 수는 없소. 그분은 거룩하신 분이니 불결하겐 할 수 없잖소. 당신이 나에게 권하지 않는 일을 그분에게 할 수 없소이다."

"그러나 이 규율과 관련하여 당신에게 묻고 싶어요. 이 율례는 마치 '실에 매달린 산'과 같아요. 툴루스를 옮길 수 있는 상황이 아니에요. 섣불리 옮기면 죽을 거예요. 그래서 치유자가 툴루스에게 가셔야 해요. 예수아가 로마인 집에 들어갈지 말지는 그분이 정하게 하세요."

토비아스는 수심에 잠겼다.

"아마도 툴루스의 생명이 끝나는 것은 하나님의 뜻 같소."

"그럴지도 모르지요. 하지만 당신은 하나님의 뜻을 알지 못하잖아요. 아무도 모르지요. 그러니 우리는 그를 살리기 위해 최선을 다해야 하오."

그러고 나서 마리암은 다른 문제를 거론했다.

"토비아스, 당신이 이 문제에만 매달리다 보니 아피우스를 잊고 있어요. 당신은 아피우스가 우리 민족에게 호의적이길 바랐지요. 그리고 그는 이미 호의를 베풀었어요. 그런데 아피우스가 제게 묻더군요. 나사렛 사람이 툴루스를 돌볼 때 당신이 함께 있어 줄 수 있는지요. 그가 요구하는 것은 이것이 전부예요. 아주 사소한 일이지요. 당신이 우리 동네를 이끌고 있으니 당신만이 이 일을 할 수 있어요."

"그럼 나도 부탁이 하나 있소. 마리암. 툴루스를 그분에게 데리고 갈 방법을 생각해 봐요. 예수아에게 백부장의 집에 들어가시라곤 하지 않겠소."

네 믿음 대로 될지어다

다음 날 정오쯤 거리에서 놀던 아이들이 맨 처음 예수아를 발견했다. 토비아스는 아이들에게 아침부터 서쪽 길, 게네사렛으로 이어지는 길을 잘 지켜보고 있으라고 했다. 아이들이 그가 오는 것을 보고 토비아스의 집으로 달려가 알렸다. 토비아스의 아내는 이미 하인들과 함께 거창한 오후 만찬을 준비하고 있었다. 다른 장로들 역시 준비했다. 예수아가 도착하면 식사를 할 것이다. 열 살 안팎의 아이들 십여 명이 곧장 토비아스의 집 대문을 향해 뛰어갔다. 토비아스에게 소식을 전하고 나서 다시 마을 어귀로 뛰어갔다. 이전에도 이곳에 들렀기에 아이들은 예수아 바르 요셉을 알고 있다. 예수아는 아이들을 보면 늘 걸음을 멈추었고 이따금 함께 놀아주기도 했다. 아이들은 예수아가 자기들을 좋아한다는 것을 알고 있다. 이름까지 일일이 알고 있다.

예수아는 전보다 더 늘어난 추종자들과 함께 이동하고 있었다. 예수아 일행은 모두 지치고 허기져 보였다. 힘든 여행과 노동으로 삐쩍 마른 그들의 모습은 가버나움 마을 사람들과 크게 다르지 않았다. 그들은 모두 예수아를 따랐다. 그가 가버나움에 들어서자 아이들이 즉시 그에게 몰려갔다. 토비아스와 장로들이 그를 정식으로 맞이할 준비를 하고 있었다. 그러나 그는 이에 아랑곳하지 않고 걸음을 멈추고 무릎을 꿇고 아이들과 얘기했다. 아이들의 부모 다수가 그를 따랐다. 잠시 후그는 토비아스에게 다가갔다. 토비아스가 먼저 말을 건넸다. 토비아스는 가장 멋진 옷을 차려입었다. 가까이서 있던 마을 장로들도 마찬가지였다. 토비아스는 마을을 대표해서 정중하게 예수아에게 입을 두 번 맞추며 인사했다. 그리고 장로들과 함께 할 식사 자리를 마련했다고 전했다.

"그런데 한 가지 부탁하겠습니다. 지금 로마 수비대가 마을을 지키고 있습니다. 마을 외곽엔 로마군 진영이 있는데, 아피우스라는 백부장이 모든 것을 감독하고 있습니다. 그는 좋은 사람입니다. 우리 민족을 사랑하고 회당까지 세워줬습니다. 그런데 그가 아끼는 하인이 한 명 있는데, 아주 위중하여 거의 죽은 거나 다름없습니다. 도와주십시오."

토비아스는 이런 부탁을 해야 할 사람은 자신밖에 없다는 것을 알고 있었다. 마을 전체가 툴루스의 상태가 어떤지 아피우스가 얼마나 애를 쓰고 있는지 알고 있다. 그리고 예수아가 왜 이곳에 왔는지도 안다. 토비아스는 마리암이 무리한 부탁을 하지 않기를 바라며 예수아 일행을 이끌고 아피우스의 집으로 갔다.

예수아에게는 차마 이방인 집으로 가고 있다는 말은 꺼내지 못하고 그저 누워있는 하인에게 가는 것이라고만 이야기했다. 그런데 아피우스의 집에 도착하기도 전에 가이우스가 길에서 그들을 맞이했다. 저만치 대문 앞

에는 아피우스가 서 있었다. 아피우스는 가이우스가 제
대로 자기 말을 전하는지 확인하기 위해 지켜보고 있는
것이다. 아피우스는 자신이 이방인일 뿐 아니라 로마인
이고 점령군으로 유대인의 적이라는 것을 알고 있었다.
예수아와 같은 거룩한 유대인과는 전적으로 다른 부류
였다. 아피우스는 나사렛인이 말하는 왕국 따위는 믿지
않았다. 나사렛 사람 역시 로마 왕국을 믿지 않았을 것
이다. 이렇듯 서로 대척점에 있는 두 사람이 서로 다른
생각을 하는 것은 당연할지 모른다. 가이우스는 집 쪽
을 힐끗 돌아보더니 아피우스의 전갈을 가지고 왔다며
예수아에게 직접 그 말을 전했다.

"주여, 수고하시지 마옵소서. 내 집에 들어오심을 나
는 감당하지 못하겠나이다. 그러므로 내가 주께 나아가
기도 감당하지 못할 줄을 알았나이다."

아피우스로서는 예수아가 이방인인 자기 집에 들어온
다는 것을 기대할 수 없었다. 토비아스에게도 힘든데 치
유자 예수아라면 더욱더 그러할 것이다. 가이우스는 아
피우스의 전갈을 계속해서 전했다.

"말씀만 하사 내 하인을 낫게 하소서. 나도 남의 수하
에 든 사람이요 내 아래에도 병사가 있으니 이더러 가라

하면 가고 저더러 오라 하면 오고 내 종더러 이것을 하라 하면 하나이다."

토비아스는 아연실색했다. 아피우스조차 일정 거리를 유지하고 있었다. 심지어 치유자까지도 툴루스에게 가까이 가지 못하게 했다. 이러한 상황에서 토비아스가 율례에 따르기 위해 가까이 가지 않더라도 마리암은 물론 그 누구도 비난하지 않을 것이다. 예수아 역시 가이우스가 전하는 말을 듣고 놀랐다. 예수아가 토비아스와 모여 있는 군중을 돌아보면서 말했다.

"내가 너희에게 이르노니 이스라엘 중에서도 이만한 믿음은 만나 보지 못하였노라."

토비아스는 유대 사람들의 마음을 상하게 하는 이 말에 놀라 당황했다. 길가에 있던 장로들 사이에서 투덜거리는 소리가 들렸지만 예수아는 이를 무시했다. 그리고는 가이우스 등 뒤로 저만치에 서 있는 아피우스를 향해 말했다.

"네 믿음대로 될지어다."

아피우스는 자신이 무엇을 믿었는지 알 수 없었다. 믿었다기 보다는 기대를 했을 뿐이다. 아피우스는 마리암을 신뢰했고 자기가 신뢰하는 사람이 믿는다고 하니 따랐을 뿐이다. 아피우스는 대문 앞에 꼼짝하지 않고 서 있었다. 예수아라는 사람을 바라보면서 과연 믿을만한 사람인지 궁금해했다. 아피우스는 거대한 아스클레피우스 치유소에서 사제들이 복잡한 치유의식을 행하는 것을 본 적이 있었다. 그래서 예수아에 대한 기대와 믿음이 서서히 사라지는 것을 느꼈다. 이처럼 외딴 조그마한 어촌의 유대 촌사람이 아클레피우스조차 할 수 없는 일을 할 리가 만무했다.

아피우스는 그다음엔 뭘 해야 할지 확신이 서지 않아

이미지 10.1 로마식 정원 재현-로스앤젤레스 게티 빌라 박물관

집으로 들어갔다. 그는 의심과 근심으로 가득 찼다. 그 래도 희망을 버리지 않았다. 그러나 동시에 의심이 떠나지 않았다. 바로 그때 아피우스는 내실로부터 비명이 나는 것을 들었다. 그곳엔 마리암과 리비아가 툴루스와 함께 있었다. 마리암이 뜰로 뛰쳐나오며 소리쳤다. 아피우스는 최악의 상황이 벌어졌다는 생각에 초조한 마음으로 달려갔다. 툴루스는 죽었고 희망이 다시 물거품이 되었을지 모른다. 그리고 그는 인생에서 소중한 것을 또 빼앗길지 모른다. 아피우스는 더 이상 이러한 경험을 하고 싶지 않았다. 나사렛 사람에게 의구심을 가졌었는데 그대로 들어맞았다. 너무 간절한 나머지 어리석은 짓을 한 것이다.

아피우스 예수와 함께 걷다

아피우스가 다가가자 마리암이 그를 끌고 방으로 들어갔다. 툴루스가 힘은 없지만 기운을 차리고 침대에 앉아있었다. 리비아는 울다가 웃다가 했다. 그녀는 눈물이 줄줄 흐르는 것도 모르고 툴루스를 격렬하게 안고 있었다. 아피우스는 리비아가 아픈 툴루스를 다치게 하지는 않을지 걱정할 정도였다. 그러나 툴루스는 고개를 들더니 아피우스를 바라보았다. 습격당한 이후 처음으로 아피우스와 눈을 마주친 것이다. 툴루스가 아피우스에게 무슨 말인가 하려고 했다. 아피우스는 눈앞에 벌어진 모습을 믿을 수 없었다. 마리암은 가까이 서서 팔짱을 끼고 미소 짓고 있었다.

"누가 이 아이에게 먹을 것 좀 갖다주세요."

아피우스는 한동안 정신을 차릴 수 없었다. 그 주에 일어난 모든 일들을 받아들이기 힘들었다. 방을 이리저리 거닐고 있는 툴루스를 보니 너무도 기뻤다. 그 기쁨은 악시우스를 향한 증오심보다 컸다. 아피우스는 정신

이미지 10.2 사슴과 개들의 조각상 부분 확대

없이 뜰로 달려가느라 이후에 벌어질 일들에 대한 준비를 전혀 하지 못했다. 치유자 예수아가 열린 문 안에 들어와 혼자 서 있었다. 아피우스는 그에게 다가가야 할지 떨어진 채로 있어야 할지 알 수 없었다. 그러나 그것은 고민거리가 못되었다. 예수아가 그를 향해 다가왔기 때문이다.

예수아는 뜰에 있었지만 아폴로 조각상들은 쳐다보지도 않았다. 하지만 사슴과 개의 조각상 앞에서 멈춰섰다. 아무 말도 없이 잠시 바라보았다. 그리고 손을 뻗어 사슴의 얼굴을 쓰다듬었다. 그의 눈빛이 모든 것을 말해주었다. 그다음엔 아피우스를 오랫동안 바라보았다. 그 순간 이유는 설명할 수 없지만, 아피우스는 그 조각상을 치우고 부숴 버리기로 맘먹었다.

"나와 함께 걷자."

아피우스는 이 말을 거역할 수 없는 명령으로 받아들였다. 새로 만든 정원에 들어서니 온갖 식물이 푸른 빛을 가득 띠고 생명력을 발산하고 있었다. 아폴로 조각상을 타고 올라간 클레머티스는 이미 진홍빛 꽃을 뽐내고 있었다. 갈릴리 산비탈에서 자라나는 선홍빛 야생화들이 활짝 피어있었다. 태양은 빛나고 어린 석류나무엔 처음 핀 붉은 꽃이 달려있었다.

예수아는 새 정원 분수대의 가장자리에 앉아 손으로 물을 떠서 마셨다. 아피우스를 찬찬히 쳐다봤다.

"아피우스, 당신은 선한 사람이다. 그런데 상한 마음을 가지고 있다. 몸과 마음, 어느 것이 더 상했는지 살펴보는 일이 남았다. 내게 말해보라."

이 말은 전혀 예기치 못한 방향에서 날아온 또 다른 화살과 같았다. 오래전 라바나의 호민관이 했던 말이 날카로운 메아리로 되돌아오는 듯했다.

"제 몸이 망가졌습니다."

"두라에서 그렇게 되었다는 것 알고 있다. 네가 원한다면 나을 것이다."

아피우스는 안에서 솟구치는 두려움을 느꼈다. 엄청난 두려움이었다. 예수아 앞에서

이미지 10.3 만발한 클레머티스

그는 무력했다. 그리고 소망이란 말이 그를 불안하게 했다. 그것은 너무 쉽게 사라질 수 있기 때문이었다.

"가까이 오라 내 백성의 친구여."

예수아가 일어서더니 그의 오른손을 아피우스 왼쪽 어깨에 얹었다. 그리고 눈을 감은 채 아피우스가 모르는 히브리어로 읊조렸다. 순간, 아피우스는 뭐라고 설명할 수는 없는 따스한 빛이 그의 몸을 관통하는 것을 느꼈다. 그리고 그의 팔이 치유되었다. 그러나 이 기이한 현상을 말로는 도저히 표현할 수 없었다. 아피우스는 조심스레 왼쪽 팔을 들어 올렸다. 한동안 들어 올리지 못했던 높이까지 번쩍 들 수 있었다. 그는 회복된 것이다. 고통도 사라졌다. 힘도 다시 돌아왔다. 그리고 아피우스의 눈에는 눈물이 넘쳐났다.

"아폴로가 아닌 이스라엘의 하나님께서 네게 주신 선물이다. 아탈리아의 아피우스여. 그는 살아계신 하나님이요, 권능과 치유의 하나님이시다. 아폴로는 상상해서 만들어진 신으로, 아마도 그는 네가 한 때 마음속으로 바라던 너 자신일 것이다. 이를 반드시 알아야 한다. 그리고 네가 진실이라고 믿었던 많은 다른 것을 잊어버려라."

아피우스는 마리암, 툴루스 그리고 리비아가 정원에 있는 것을 알았다. 그들은 머뭇거리며 조심스럽게 다가오고 있었다. 그들은 예수아가 아피우스와 이야기를 하는 것을 보았다. 또한 아피우스가 눈물을 흘리는 것을 보았다. 리비아는 갈리카에서 그와 여러 해 살았지만 한 번도 눈물을 흘리는 것을 본 적이 없었다. 리비아가 다가가려고 하자 마리암이 팔로 막았다. 이 정원에서 무슨 일인가 일어나고 있었다. 그것은 예수아와 아피우스 사이의 비밀이었다. 방해해서는 안 된다. 리비아에겐 아피우스를 볼 기회가 얼마든지 있다. 잠시 후 예수아가 마리암을 보고 미소를 지으며 말했다.

"마리암, 오늘은 기쁜 날이다. 오늘 두 사람이 새로 태어났다. 이제 이곳 아피우스의 집에서 잔치해야겠다."

마리암은 그 말이 기뻤다. 그녀는 고개를 끄덕이고는 가이우스를 찾아 나섰다.

가버나움의 백부장

가버나움의 백부장 이야기는 마태복음 8:5-13과 누가복음 7:1-10에 기록되어 있다. 학자들은 이 이야기는 세부 사항이 생략된 축약된 이야기로 추정한다. 이처럼 때에 따라 중요한 사항을 생략하기도 한다. 간략한 서술을 좋아하는 마태는 백부장이 직접 치유해 달라고 요구한 것처럼 말한다.

유대인과 이방인 간에 차이가 있음을 강조하는 누가는 좀 더 많은 정보를 제공한다. 누가는 백부장이 처음엔 유대 장로들을 보내 예수를 중간에 만나 백부장의 노예를 치유해달라고 간청했다고 말한다. 하지만 그들이 백부장의 집에 도착하기 전에 백부장은 누군가를 보내 멀리서나마 치유해달라고 간청한다. 예수가 이방인의 집에 발을 들여놓아 불결해지는 것을 사전에 막기 위해서였다.

예수는 다 죽어가는 아피우스의 종 툴루스를 치유했다. 마태는 몸이 마비되어 끔찍한 고통으로 고생한다고 덧붙인다. 복음서는 종에게 어떤 문제가 있는지 밝히지 않는다. 그러나 성경에 나타난 예수의 말씀으로 보건대,

이미지 10.4 당당한 백부장

직접 만나지 않았어도 치유되었다는 것은 분명하다. 그
후의 이야기는 알 수 없다.

　이 책에서도 백부장 아피우스의 종 툴루스가 극적으

로 살아난다. 이 책의 마지막 부분에서 아피우스와 예수가 거닐며 대화하는 장면은 허구이다. 그러나 복음서와 구약 성경의 주제를 주축으로 대화가 전개된다. 실제로 예수가 가버나움의 백부장을 만났을 가능성이 크다. 그리고 이것이 사실이라면 예수가 백부장의 이름과 그의 종, 또 다른 식솔들의 이름을 알고 있는 것은 당연하다.

신약시대의 갈릴리 지도

지중해

가이사랴 빌립보

두로

시돈

시로베니게

가나

세포리스

나사렛

막달라

가버나움

고라신

디베랴우스

갈릴리 바다

벳세다

스키토폴리스

데가볼리

가이사랴

N W S E

신약시대의 시리아 지도

가이사랴 마리티마
돌레마이
두로
시돈
베롯스
욕두산맥
사마리아
가버나움
길릴리바다
가버나움
다마스쿠스
에베소
지해
시리아
팔미라
두라-유로포스
유브라데스강
보리움

N
W
S
E

이미지 출처 및 권한

이미지 7.3.   Martin. Wikimedia Commons

이미지 7.4.   Jastrow. Wikimedia Commons

이미지 8.1.   Heritage Image Partnership Ltd. Alamy Stock Photo

이미지 8.2.   Classical Numismatic Group, Inc. Wikimedia Commons

이미지 8.3.   Theodore H. Feder. Wikimedia Commons

이미지 8.4.   Dr. Carl Rasmussen. www.HolyLandPhotos.org

이미지 9.1.   Classical Numismatic Group, Inc. Wikimedia Commons

이미지 9.2.   David Shankbone. Wikimedia Commons

이미지 9.3.   Eddie Gerald. Wikimedia Commons

이미지 9.4.   Robert Hoetink. 123RF Korea

이미지 10.1.   Bobak Ha'Eri. Wikimedia Commons

이미지 10.2.   Mboesch. Wikimedia Commons

이미지 10.3.   Drazen Nesic. PIXNIO

이미지 10.4.   IKAL. Wikimedia Commons

<신약시대의 갈릴리 지도> IVP

<신약시대의 시리아 지도> IVP

하늘씨앗

하늘씨앗은 많이 팔 수 있는 책이 아닌 꼭 필요한 책을 출간하기 위해 수익의 전부와 성도의 후원금을 출판을 위해 사용하기로 뜻을 세웠습니다. 이 책은 그 결과물입니다.

설립 목적

하늘씨앗의 설립 목적은 사도와 선지자의 터 위에 세우신 교회와 '교회의 팔'인 선교 단체 등 신앙공동체를 지원하고 연결하는 것입니다. 특히 우리는 작은 교회, 작은 선교 단체, 작은 공동체를 돕는 일에 헌신하였습니다.

연구
성경과 사도의 전승을 연구하여 시대를 향한 하나님의 뜻을 발견한다.

출판
연구의 결과물을 출판한다.

사역

교육
말씀과 영성으로 준비된 영적 인도자를 양성하고 배출한다..

연결
영적 각성의 '씨앗'이 될 지체와 공동체를 소개하고 연결한다.

비영리 → 출판

재정과 관련된 사역 원칙

- 우리는 사역의 모든 필요를 기도로 채우겠습니다.
- 우리는 빚으로 사역하지 않겠습니다.
- 우리는 다른 단체와 경쟁하지 않겠습니다.
- 우리는 사역자에게 합당한 사례를 지급하겠습니다.
- 우리는 재정이나 사역의 규모로 성공 여부를 평가하지 않겠습니다.
- 우리의 목표는 우리의 확장이 아니라 하나님 나라의 확장입니다.

관련 공동체

우리는 성령으로 세례받지 않고는 하늘로부터 오는 권세를 받을 수 없고 하나님의 일을 할 수도 없다고 생각합니다. 오늘날 교회의 여러 문제는 물과 성령으로 거듭나지 않은 니고데모와 같은 사람들이 주도하기 때문인지도 모르겠습니다. (요한복음 3:5) 이에 동의하는 작은 공동체가 있습니다.

하늘씨앗
교회

www.heavenlyseeds.net
031-398-4650
info@heavenlyseeds.org